本书获得国家自然科学基金青年项目"社交网络中消费者隐私关注与自我表露的悖论机制研究 —— 基于'圈子文化'视角"（课题号：72102092）和江西省高校人文社科项目"产业集群竞争情境下品牌正宗性的影响机制研究"（课题号：GL20234）的资助

社交媒体时代

品牌正宗性的塑造

张会龙 ◎ 著

THE AGE OF SOCIAL MEDIA:
SHAPING THE AUTHENTICITY OF BRANDS

经济管理出版社
ECONOMY & MANAGEMENT PUBLISHING HOUSE

图书在版编目（CIP）数据

社交媒体时代：品牌正宗性的塑造/张会龙著．—北京：经济管理出版社，2024.4
ISBN 978-7-5096-9676-7

Ⅰ．①社…　Ⅱ．①张…　Ⅲ．①品牌—企业管理　Ⅳ．①F273.2

中国国家版本馆 CIP 数据核字（2024）第 084963 号

组稿编辑：杜　菲
责任编辑：杜　菲
责任印制：许　艳
责任校对：蔡晓臻

出版发行：经济管理出版社
　　　　　（北京市海淀区北蜂窝 8 号中雅大厦 A 座 11 层　100038）
网　　址：www.E-mp.com.cn
电　　话：（010）51915602
印　　刷：唐山昊达印刷有限公司
经　　销：新华书店
开　　本：720mm×1000mm/16
印　　张：12.25
字　　数：188 千字
版　　次：2024 年 6 月第 1 版　　2024 年 6 月第 1 次印刷
书　　号：ISBN 978-7-5096-9676-7
定　　价：88.00 元

序　言

在信息科技高速发展的今天，社交媒体以其独特的魅力和广泛的覆盖能力，深刻地改变了人们生活的每一个角落。对于企业而言，社交媒体不仅是一个新的营销渠道，更是一个塑造品牌正宗性、提升品牌影响力的战略高地。在这样的背景下，深入探讨社交媒体时代品牌正宗性的塑造，对于企业的长远发展具有至关重要的意义。

品牌正宗性，作为品牌理论中的一个新兴概念，近年来受到了学术界的广泛关注。它是指品牌在原料使用、工艺继承、文化建设等方面具有优势且与同类品牌相比更具代表性的特性，是品牌独特性和吸引力的源泉。在社交媒体时代，品牌正宗性的塑造面临着新的挑战和机遇。如何借助社交媒体的力量，有效地传递品牌的核心价值，增强消费者的品牌认同感和忠诚度，成为每一个企业需要思考和解决的问题。

回顾历史，我们可以看到有些企业在社交媒体平台上通过不断强调自己的正宗性而成为优秀的品牌。例如，王老吉凉茶在进行品牌推广的过程中，其广告着力强调"王老吉的凉茶正宗配方190年从未改变"，不断提醒消费者在购买凉茶时认准王老吉。东阿阿胶则利用短视频和直播电商，结合高流量综艺节目的强大影响，向国内的年轻和精英消费群体传达品牌背后的故事，展示千年贡品的制作工艺。此外，东阿阿胶特别关注了年轻人经常使用的抖音、小红书等社交媒体平台，以故宫IP为中心从多个角度来激活品牌的传播生态，确保品牌的影响力深入人心，建立品牌在行业中的专业形象。

然而，品牌正宗性的塑造并非一蹴而就的过程。它需要企业在深入了解消费者需求的基础上，结合自身的品牌特点和市场定位，制定有针对性的策略。在社交媒体时代，品牌正宗性的塑造需要更加注重与消费者的互动和沟通。通过倾听消费者的声音、关注消费者的需求、提供个性化的服务等方式，企业可以建立更加紧密的消费者关系，增强品牌的吸引力和忠诚度。

同时，品牌正宗性的塑造也需要注重品牌的持续创新和发展。在社交媒体时代，消费者的需求和喜好在不断变化，品牌需要不断推陈出新，保持与时俱进。通过引入新技术、开发新产品、拓展新市场等方式，企业可以不断提升品牌的竞争力和影响力，进一步巩固和扩大品牌的市场份额。

《社交媒体时代：品牌正宗性的塑造》一书深入探讨了品牌正宗性的概念、构成维度以及塑造策略等方面的问题；结合案例分析和实证研究，揭示了社交媒体时代品牌正宗性塑造的规律和趋势，为企业提供了宝贵的理论指导和实践经验。

在撰写本书的过程中，深感品牌正宗性在社交媒体时代的重要性。它不仅关乎企业的生存和发展，更关乎消费者的生活质量和情感体验。因此，希望通过本书的研究和探讨，能够引起更多人对品牌正宗性的关注和思考，为企业的长远发展贡献一份力量。

最后，要感谢所有参与本书研究和撰写的人员。感谢我的博导李桂华教授，在研究的选题阶段，他为我提供了非常宝贵的建议。感谢挚友、营销领域青年学者张宇东副教授，在本书的撰写过程中，他自始至终都全程参与，可以说本书的完成离不开他的帮助。感谢"开山弟子"、江西师范大学商学院在读硕士研究生刘慧明同学，她主要负责第二、第三、第四章部分内容的撰写，约 5 万字。感谢江西师范大学商学院在读硕士研究生戴章圆同学，他主要负责第五章部分内容的撰写，约 3 万字。正是你们的帮助，才使得本书得以顺利完成并呈现出如此丰富的内容。

让我们共同期待，在社交媒体时代，品牌正宗性的塑造能够为企业带来更多的机遇和挑战，为消费者带来更多的惊喜和满足。

江西师范大学　张会龙

2024 年 5 月 15 日

前　言

为提升竞争优势，企业纷纷通过塑造品牌正宗特性的方式来打造强势品牌。部分企业利用社交媒体平台进行品牌正宗性的建设赢得了消费者的青睐，但也有不少企业收效甚微，这主要是因为对品牌正宗性缺乏深入的理解。品牌正宗性的建设存在一系列需要回答的问题：品牌正宗性的定义是什么？其构成维度有哪些？消费者感知到的品牌正宗性受哪些因素的影响？品牌正宗性的感知会给企业带来哪些效益？其影响结果是怎样的？已有研究对这些问题缺乏深入的探讨，现有文献对品牌正宗性的探讨多数是描述性研究，其研究结论缺乏说服力。还有学者围绕着品牌真实性展开了较为深入的探究，为本书研究提供了理论借鉴，但是品牌真实性和品牌正宗性是两个不同的概念，且理论研究的滞后不利于企业实践。基于此，本书对品牌正宗性的结构维度、品牌正宗性感知的影响因素和影响结果进行了探讨。

首先，本书利用扎根理论的研究方法对品牌正宗性的构成维度进行了探索性研究。以典型的正宗品牌为对象，筛选出样本并对样本进行深度访谈，同时结合二手资料收集的方法获得了详细的数据资料。接着根据这些资料，通过扎根理论的研究步骤找出品牌正宗性的构成维度。质性研究结果显示，品牌正宗性的构成维度包括原生连续性、文化建构性和顾客联结性。其中，原生连续性包括了来源独特性、技艺继承性、传承合法性；文化建构性由理念认知性、文化俗成性、定位准确性构成；顾客联结性则是由目标一致性、自我表达性、群体归属性组成。

其次，本书在探明了品牌正宗性构成维度之后，从消费者感知的视角对品牌正宗性的影响因素和影响结果进行了探讨。根据已有文献，构建出品牌正宗性感知的影响因素和影响结果模型；根据模型提出了研究假设，并根据文献、品牌正宗性构成维度的研究结果设计出了量表；根据问卷调查收回的数据对研究假设进行了实证检验。验证结果显示，信息相关性、社会责任感、情境匹配度会对消费者的品牌正宗性感知产生正向影响，信息失真度则会对品牌正宗性感知产生负向影响；同时，消费者的品牌正宗性感知又会进一步提升消费者的品牌依恋和积极口碑。

　　本书通过对品牌正宗性结构维度、品牌正宗性感知影响因素及影响结果的探索加深了对品牌正宗性的理解。本书研究成果不仅丰富了品牌管理理论，还能指导企业在社交媒体时代的正宗品牌化实践，最终提升企业的竞争优势。

目　录

第一章
引言

　　为应对激烈的市场竞争，企业纷纷通过实施品牌化战略来获取竞争优势。但是，由于产品同质化的普遍存在，企业的品牌化之路步履维艰。社交媒体作为重要的虚拟社交工具，因其强大的社交互动功能，成为了实施品牌化战略的重要工具。在实践中，部分企业就利用社交媒体来强调品牌的正宗性从竞争中脱颖而出。这些实践证明，企业品牌拥有了正宗特性不仅能够赢得消费者的青睐，还能在竞争中获得主动地位。在此背景下，品牌正宗性的内涵是什么、企业如何才能赋予品牌正宗性等问题逐渐成为学者和企业家共同关注的热门话题。基于此，本书对品牌正宗性的结构维度及其影响机制展开了探讨。作为研究的引言部分，本章重点介绍了研究的现实与理论背景、具体的研究问题及其研究现状、研究的主要内容和研究方法以及研究的意义与创新。

第一节　研究背景

一、现实背景

（一）企业纷纷实施品牌化战略

经济全球化给我国企业带来了巨大的机遇，如国际资本的涌入、优秀人才的流入、先进管理理念的进入等。同时，经济全球化也使我国企业面临着前所未有的挑战，最大表现在于企业间的激烈竞争。我国企业不仅要面对国内同行业之间的竞争，还要面对国际市场（尤其是发达国家）优势企业的竞争。同时，我国消费者的消费理念也产生了巨大变化，消费升级已成为当今社会的一大重要趋势。消费者购物不仅仅关心产品的实际使用价值，还注重产品给自己带来的身份认知、地位象征等方面的感受（Vickers & Renand，2003；O'cass & McEwen，2004；Han et al.，2010；Amatulli et al.，2018）。例如，挎包真正的用途是盛放、携带物品，然而很多消费者在购买 LV 包饰时，考虑更多的则是买 LV 包饰能够表明自己的经济和社会地位。在此背景下，为获得消费者的好感，提升企业的竞争优势，企业纷纷开始实施品牌化战略。因为，品牌不仅能够赋予产品情感、溢价等附加价值，还能提升竞争力，从而帮助企业在竞争中获得主导地位（Keller，1993；Aaker，2012；Dubois et al.，2005；Gupta et al.，2020）。

当前，我国企业纷纷加入到品牌化的队伍中，并取得了较好的成绩。与西方国家相比，虽然我国企业的品牌意识起步较晚，但是进展迅速。由于资源的短缺，一直到 20 世纪 90 年代初，我国才结束了计划经济时代。在此之后，我国企业和消费者开始有了品牌意识，企业相继投身于品牌化建设。如今，品牌的理念已经深入人心，品牌也成为影响我国消费者购买的一大影响因素。经过短短几十年的发展，我国企业的品牌化战略取得了较好的成绩，具体表现在：首先，我国涌现出了一大批深入人心的本土品牌，如海尔、华为、伊利等；其次，不少本土品牌在国际竞争中处于主导地位，如联想、大疆、OPPO 等；最后，很多极具中国特色的老字号品牌焕发出新的活力，吸引了大量国内消费者甚至是国际消费者，如全聚德、同仁堂、茅台、百雀羚等。这说明我国企业已经认识到品牌对于企业的价值，为获得竞争优势，它们纷纷加入到品牌化建设的队伍中。

（二）社交媒体为品牌化战略提供了新的思路

在当今的数字化时代，社交媒体时代的兴起改变了人们的信息获取、传播和互动的方式。通过社交媒体平台，个体可以轻松分享观点、体验和信息，形成庞大的虚拟社区。品牌不再仅仅是产品或服务的提供者，更需要建立与消费者之间的深度关系。社交媒体成为品牌与消费者直接沟通的桥梁，为品牌化战略提供了全新的思路和机会。

首先，社交媒体平台使品牌可以更精准地了解和定位目标受众。社交媒体平台上积累了大量用户数据，包括用户的兴趣、行为、社交圈等信息。借助这些信息，品牌可以利用用户数据进行精准定位，了解目标受众的特征，从而更准确地确定品牌的定位和市场定位，实现个性化的内容推送。通过深入了解目标受众的需求和偏好，品牌可以更有针对性地开展营销活动，从而实现个性化推送。基于此，品牌不仅能够提高用户对广告和内容的关注，还能够提升用户体验（Chahine & Malhotra，2018），使用户感到品牌更加关注他们的个性需求，从而增加用户的满意度和忠诚度。例如，小米通过微博、微信等主流社交媒体平台，进行用户数据分析，并深入研究用户的社交行为、喜好、互动频率等，以获取更全面的用户画像，从而向特定群体推送产品信息，提高产品的曝光度。

其次，社交媒体为品牌提供了与消费者互动的即时性平台，使得品牌能够更迅速、直接地响应用户的需求、评论和反馈（Ryoo & Benale，2017；梁美玲，2023）。当消费者在社交媒体上提出问题时，品牌利用社交媒体能够在第一时间作出反馈、解决问题，提高客户满意度。这种即时性互动使品牌能够更敏锐地感知市场变化和消费者期望，同时也能够更好地与消费者建立真实、积极的互动关系，进一步巩固品牌在市场中的地位。相较于传统媒体时代的小范围信息传播，在社交媒体时代信息公开透明并且影响范围广，危机将会瞬间发酵，品牌则需要迅速做出反应。通过社交媒体品牌可以及时回应负面评论，降低潜在的品牌损害，维护品牌声誉（Chan et al.，2014）

最后，品牌可以在社交媒体平台上发布有吸引力、有趣、有深度、有价值的内容来吸引目标用户，引起目标受众的共鸣和互动。通过与用户分享品牌故事、价值观等，品牌能够更好地传递其核心信息。用户也可以在社交媒体上发布自发创作和分享与品牌相关的内容，如评论、评价、照片、视频等（吴力文，2023）。这种方式不仅能够增加用户对品牌的认同感和忠诚度，还能够扩大和提高品牌的影响力和口碑。基于社交媒体平台，企业可以充分发挥 KOL（关键意见领袖，Key Opinion Leader）来塑造品牌形象。具有一定专业度的 KOL 拥有大量粉丝和信任度，其不仅有助于建立品牌与目标受众之间的信任关系，还可以利用流量效应以扩大品牌知名度（李洁和陈思思，2022）。

总之，在社交媒体的引领下，品牌化战略不再局限于传统的广告和推广手段，而是更加注重建立与消费者之间的亲密关系，以创造更深层次的品牌认同感和忠诚度。社交媒体为品牌提供了一个开放、创新的舞台，让品牌能够更灵活地适应市场变化，满足消费者的需求。

（三）品牌建设并非易事

我国企业相继参与到品牌建设事业中，并取得了一定的成绩，但是企业的品牌建设工作还存在不少问题。品牌建设并不是一件容易的事，其过程耗时长、收效慢、影响因素多。我国企业在对品牌建设的理解、具体实施策略以及实施效果方面都存在一定的问题。

首先，企业对品牌建设的理解不深入，不少企业仍将品牌化战略理解为品牌知名度的提升。实际上品牌化战略不仅包括提高品牌知名度，还包括制定品牌的整体性规划、塑造品牌个性、提升品牌形象、取得消费者的品牌信任等一系列行为。部分企业误将品牌知名度当成品牌化战略，这使得他们虽然投入了大量资金用于广告宣传，但是广告回报却不大。例如，秦池酒业曾花费巨额费用用于广告的宣传，并因蝉联了中央电视台1996 年和 1997 年两年的标王而风光一时。仅仅两年，由于巨大的广告效应，秦池从一个默默无闻的白酒小厂成长为全国知名的白酒企业，其市场销售额、市场占有率等都实现了几倍的增长。然而，由于过于依赖广告宣传、生产规模难以扩大、勾兑事件等使秦池陷入了巨大的媒体危机之中，秦池花费巨额广告费塑造的品牌形象遭受了重创。秦池从此一蹶不振，最终消失在消费者的视野中。

其次，部分企业在品牌化过程中，没有把品牌建设上升到企业战略层面。企业的品牌建设是一项战略性、持久性、全局性、系统性、全员性的工作（Sheth et al.，1991；Styles & Ambler，1995；Kotler & Armstrong，2010）。因此，企业应该根据品牌的这些特性进行品牌建设，违背这些特性开展工作必将事倍功半。实践证明，企业若将品牌化战略理解为短期、见效快的行为，在需要它时才开展相关工作，否则对其置之不理，最终将难以获得品牌为企业带来的利益。例如，长久以来，李宁公司作为国产运动品牌的领导者，获得了大量消费者的青睐。2010年李宁公司启动了品牌重塑计划，把品牌的消费人群定位为"90后"。随后，依据品牌的市场战略，李宁开始对产品进行提价销售。然而，品牌重新定位之后，李宁却出现了销量下滑、营业收入下跌的情况，紧接着李宁公司面临高库存的危机，这让李宁公司彻底陷入被动的局面。随后几年，李宁公司的财务报表中的主要指标一片惨淡。李宁公司的失败就在于没有战略性、全局性、持久性地对公司的品牌建设进行规划。

最后，多数中小企业没有自主品牌。对于企业而言，自主品牌不仅是一种商品标志和无形资产，而且是企业以自有知识产权为基础的核心竞争力。因此，一个成功的企业必定拥有一个响亮的自主品牌做支撑，一个企业要想成功也必须打造出一个消费者认可的品牌。我国企业中数量最多的仍然是中小企业。然而数据显示，国内多数中小企业都没有自主品牌，它们多数是在给大企业代工，利润十分有限。在这些中小企业中，多数企业都没有意识到品牌的重要性，部分企业并没有品牌管理部门，有些企业甚至没有专业的品牌管理人员。一些中小企业虽然意识到品牌建设的重要性，但是由于起步晚、资金少、品牌建设难度大等原因，导致他们在品牌的建设过程中总感觉有心无力，品牌建设的效果也并不尽如人意。这些原因都导致我国中小企业无法打造出知名度高、口碑好的自主品牌。

（四）正宗性塑造为品牌建设指明道路

在社交媒体时代，企业品牌化建设变得更具挑战性，但是不少企业通过不断摸索，探索出了一条属于自己的品牌化道路，最终打造出了强有力的品牌。这些企业既包括通过提升产品质量赢得消费者的品牌，如海尔、格力、美的等；也包括以创新著称的品牌，如华为、大疆、京东方等；还包括通过提升消费者的体验，以提供优质的服务而著称的品牌，如招商银行、海底捞、顺丰等。与以上企业不同，还有部分企业在社交媒体平台上通过不断强调自己的正宗性而成为优秀的品牌，如王老吉、山西老陈醋、中宁枸杞、桂发祥麻花、东阿阿胶、乌江榨菜等。接下来简单介绍王老吉、东阿阿胶利用社交媒体成功塑造正宗品牌的具体策略。

王老吉凉茶是广州医药集团有限公司（简称广药集团）的一款功能性饮料产品品牌，它是中华老字号品牌，有着将近 200 年的历史，这些都是其作为正宗凉茶的有力支撑。在进行品牌推广的过程中，广药集团也在其广告中着力强调"王老吉的凉茶正宗配方 190 多年从未改变"，不断提醒消费者在购买凉茶时认准王老吉品牌，其广告语"怕上火就喝王老吉"早已家喻户晓并影响着人们的消费习惯。中国消费者在遇到上火问题时往往直接联想到喝王老吉，一时间王老吉几乎等同于去火的代名词。2009 年，王老吉凉茶在中国市场的销售额曾一度超过了可口可乐。自 2010 年开始，广药集团和加多宝集团开始了漫长的正宗凉茶品牌之争，两家企业经历了大大小小十几场官司，并且在此之后加多宝与王老吉展开了激烈的竞争。2014 年王老吉在其微博上从内部和外部两个角度深入探讨了"上火"这一概念，并巧妙地融合了"消暑招式"与"武侠招式"，从而创造了一系列"消暑传世秘技"，引导网民自创招式。王老吉以其独特的时尚武侠插画的形式来解释防上火的技巧，以强调王老吉凉茶是真正的传统防上火秘诀。在此之后王老吉与加多宝的销售额不断拉开差距，目前其市场份额已经突破 70%，成为了凉茶市场的绝对领导者。

东阿阿胶建厂 70 多年，是中华老字号品牌，11 次入围"中国 500 最具价值品牌"榜单。阿胶的应用迄今已有 3000 年的历史，东阿县产的阿胶更是久负盛名，从汉唐至明清一直都是皇家贡品。东阿县的地下水则是制作阿胶必不可少的原料，东阿水"性趋下，清而重"，这一特点使得阿胶熬制过程中杂质上浮，阿胶的品质也更纯。阿胶的制作过程要求十分严苛，一块上好的阿胶要经历 50 多道纯手工工序。公司在阿胶工艺的保护方面做了很多努力，如重开阿胶古法生产线、举办一年一度的阿胶节等。集团公司抓住企业的这些优势资源，在企业宣传过程中一直强调其产品的正宗性。东阿阿胶集团通过对独特的原料、传统的制作工艺以及悠久的历史这三方面的宣传来证明其是阿胶的正宗原产地。例如，东阿阿胶利用短视频和直播电商的势头，结合高流量综艺的强大影响，向国内的年轻和精英消费群体传达品牌的背后故事，展示千年贡品的制作工艺。此外，东阿阿胶特别关注年轻人经常使用的抖音、小红书等社交媒体平台，以故宫 IP 为中心，从多个角度来激活品牌的传播生态，确保品牌的影响力深入人心，建立品牌在行业中的专业形象。这些理由十分充分，东阿阿胶也成为了正宗阿胶的代名词，赢得了大量消费者的青睐。

以上实践证明，这些品牌成功地在数字化的平台上打造了正宗性、亲和力和专业性兼具的品牌形象。企业在品牌建设的过程中，通过相应的战略措施在社交媒体平台上进行有效传播。成功案例表明通过社交媒体赋予品牌正宗性能够有效地提升品牌效益，具体表现为能够提高消费者对品牌功能的评价和认同，提升企业品牌正宗的形象，进而获得消费者对品牌的信任，提升消费者的购买意愿，最终形成消费者对品牌的忠诚度。然而，与这些成功案例相比，不少企业在打造品牌正宗性的过程中，由于对品牌正宗性的内涵缺乏深入的了解，相关企业的品牌策略仅停留在简单的正宗性品牌宣传层面（如在社交媒体上仅仅在广告语中加上"正宗"二字），难以真正打动消费者，导致其品牌化战略效果不尽如人意。这些企业难以取得较好的营销效果的最根本原因还是没有认识到品牌正宗性的内涵。因此，在打造品牌正宗性之前，企业很有必要深刻了解品牌正宗性的内涵到底是什么、消费者品牌正宗性感知的形成受哪些因素的影响、它会给企业带来哪些影响等问题。

二、理论背景

学术界围绕着品牌展开了充分的研究，品牌理论也已经成为一个较为成熟的研究领域。学者们对品牌能够给企业带来溢价、增值，帮助消费者进行身份识别、个性凸显等基本达成了一致的看法（Allen & Olson，1995；Ericksen，1997；Chernatony，2010）。已有研究围绕着品牌价值、品牌形象、品牌绩效、品牌延伸、品牌忠诚、品牌个性、品牌社群、品牌认知、品牌危机等众多主题展开了探讨，这些都为本书研究的顺利进行奠定了良好的理论基础（Kamakura & Russell，1993；Delgado-Ballester & Luis Munuera-Aleman，2001；Muniz & O'guion，2001；Balachander & Ghose，2003；Connor，2006；Greyser，2009；Lee & Hsieh，2021；Molinillo et al.，2022；Singh et al.，2020）。在企业的品牌化战略实施方面，学者们也进行了大量研究，认为企业塑造品牌的方法很多，如通过加大品牌宣传，提升品牌知名度；通过凸显品牌的特色之处，赋予品牌独特的个性；通过提供周到、贴心的服务，让消费者形成品牌服务好的印象；专心生产、严控质量，利用产品的高质量形成良好的品牌口碑；加强研发、不断创新，通过生产出技术含量高、具有颠覆性意义的产品吸引消费者；通过传播独特的文化理念、宣扬个性的消费文化形成专有的品牌文化等。

与以上企业的品牌化战略不同，部分企业则另辟蹊径，选择了一条通过社交媒体来强调自己在"嫡传"地位、代表性、当地特色性等方面独具优势，通过赋予品牌正宗性来打造品牌的道路。学者们也围绕着品牌正宗性展开了研究，相关的理论包括品牌正宗性、品牌真实性、老字号品牌、风土产品品牌等。已有研究对品牌正宗性形成的内在机制虽尚无定论，但是学者们对品牌正宗性塑造对企业的意义基本达成了共识。研究认为，拥有正宗性的品牌在品牌的优异性和独特性方面有一定的优势，能够提高消费者对品牌功能的评价，他们愿意为品牌支付更高的价格，并传播积极的话语，进而获得消费者的品牌忠诚和积极口碑（蒋廉雄和朱辉煌，2012；杨晨，2017；Beverland，2006；Safeer et al.，2023；Riefler，2020）。这些研究皆证明了企业品牌正宗性塑造的必要性，同时为本书研究的开展提供了理论基础。然而，现有理论中，关于品牌正宗性内涵及其形成的影响机制的研究甚少。因此，在此背景下，本书研究的开展迫在眉睫。

第二节　研究问题与研究现状

一、研究问题

诸多研究已经证明，品牌正宗性的塑造对企业至关重要。品牌正宗性的塑造能够提升品牌的独特性、提高消费者对品牌功能的评价等，进而帮助企业在激烈的竞争中获得竞争优势。学者们围绕着品牌正宗性展开了相关研究，然而已有研究对品牌正宗性的内涵、影响机制等研究还不够充分和深入。研究的滞后不利于实践的顺利进行，学术界和实践界急需加深对品牌正宗性的了解。因此，研究将围绕以下几个问题展开探讨。

（一）品牌正宗性的结构维度包括哪些因素

要想赋予品牌正宗性，要明了品牌正宗性的内涵是什么，只有在深刻理解了品牌正宗性内涵前提下，企业才能打造出真正正宗的品牌。然而，较多企业未能从真正意义上理解品牌正宗性的内涵，多数企业惯常地认为品牌的正宗仅仅与产品质量、功能等相关，部分企业甚至对品牌正宗性的理解仅停留在包装上印有"正宗"二字的层面。企业对品牌正宗性内涵了解不深入，导致这些企业无法真正打造出正宗的品牌，企业也难以享受由塑造品牌正宗性带来的效益。因此，探究品牌正宗性的结构维度势在必行，这也是后续对品牌正宗性与其他变量关系研究的首要任务。

（二）消费者品牌正宗性感知的影响因素有哪些

在探明了品牌正宗性的结构维度之后，有必要进一步对品牌正宗性的影响因素进行探究。因为，企业已经意识到了品牌正宗性的重要性，在清楚了解品牌正宗性的内涵之后，企业迫切想知道的一定是怎样才能使其品牌更正宗。由于品牌正宗与否最终由消费者来判断，因此，研究将从消费者感知的视角对品牌正宗性的影响因素进行探讨。通过文献研究、实证检验等方法进一步探明消费者品牌正宗性感知的影响因素，真正做到"知其然，知其所以然"。研究结果进一步为企业打造品牌正宗性提供理论借鉴，也方便了企业的品牌化战略实施。因此，有必要对消费者品牌正宗性感知的影响因素展开探讨。

（三）围绕品牌正宗性感知对消费者反应的影响展开探讨

企业都已经意识到了品牌正宗性的重要性，那么品牌正宗性到底为什么重要、它会对消费者的反应带来哪些影响、它会给企业带来哪些益处等问题，企业可以提供答案，但是学术界对这些问题的研究却很少，相关的实证研究则更少。实证研究的缺乏使品牌正宗性会给企业带来效益的结论缺少证据，不足以让人信服。因此，有必要在探明了消费者品牌正宗性感知的影响因素之后，进一步实证检验品牌正宗性感知对消费者反应的影响（即品牌正宗性的影响结果），为企业的品牌化战略提供借鉴。在之前研究的基础上，进一步对品牌正宗性感知与消费者反应之间的关系展开探讨。

二、研究现状

现有学者注意到了企业通过品牌正宗性的打造提升企业绩效这一现象，纷纷对品牌正宗性展开了探讨。由于"正宗"一词来源于佛教，受语境影响其英文表达尚无定论，相似英语词汇有"Brand Authenticity"（品牌真实性）、"Terroir Product"（风土产品）等。已有文献中，少部分学者以及本书研究团队成员对品牌正宗性的定义、内涵维度展开了研究（蒋廉雄等，2012；黎小林等，2015 等；张会龙等，2020）。此外，学者们还对品牌真实性的定义、意义、结构维度、作用机制等展开了探讨（Beverland，2005；Morhart et al.，2015；Salvador et al.，2019；Hyunjoo et al.，2019）。部分文献对风土产品的定义、特征、形成条件、对消费者购买的影响等进行了研究（Barham，2003；Spielmann & Charters，2013）。品牌正宗性的相关研究虽然较少，但已有文献为本书研究的开展奠定了良好的理论基础。品牌真实性、风土产品等虽然与品牌正宗性不同，但它们之间有一定相似性，相关研究能为本书提供一定指导。因此，在文献综述部分有必要深入探究这些概念的内涵及其关系。但是，已有研究也存在一定的不足，现有文献对品牌正宗性展开的探讨甚少，关于品牌正宗性的研究也基本处于起步阶段，品牌正宗性的概念尚未形成定论，品牌正宗性的构成维度、形成因素、影响结果等都有待深入的探讨。另外，学者们对品牌真实性、风土产品等的研究虽然相对较为深入，但是品牌真实性、风土产品等与品牌正宗性还是有较大区别的，有必要专门对品牌正宗性展开深入的探讨。基于此，本书以品牌正宗性为研究对象，探讨企业如何赋予品牌正宗性的相关问题，主要研究主题包括品牌正宗性的内涵、品牌正宗性感知的影响因素、品牌正宗性感知的影响结果等。

第三节　研究内容与研究方法

一、研究内容

学界关于品牌正宗性的研究较少，已有研究对品牌正宗性的内涵、影响机制等的探讨则更少。品牌正宗性的理论研究远远滞后于企业的实践，其理论难以准确指导实践，这不利于企业品牌化的顺利进行。针对这些问题，本书将围绕着品牌正宗性的内涵、品牌正宗性感知的影响因素以及影响结果等展开深入的探讨，以更好地帮助企业在社交媒体时代塑造品牌的正宗性。本书的研究内容主要包括以下几个方面。

（一）品牌正宗性的结构维度

由于品牌正宗性的结构维度相关研究甚少，学者们对此尚未形成定论，因此为加深对品牌正宗性的理解，首要工作是探明品牌正宗性的结构维度。然而，品牌正宗性的形成过程比较复杂，涉及较多因素，而且其形成周期也较长。定性研究比较适用于品牌正宗性构成维度的探索，这是因为定性研究的方法比较适用于探索性研究。作为定性研究的一种方法，扎根理论研究法通过系统收集数据能够很好地帮助研究者构建理论（Sudda-by，2006）。因此，利用扎根理论研究法对品牌正宗性的构成维度展开探讨，在研究过程中，选取在打造品牌正宗性方面较为成功的案例为对象，通过对相关企业家、专家、消费者等的访谈获取数据，最终提炼出品牌正宗性的构成维度。

（二）消费者品牌正宗性感知的影响因素

在清楚了品牌正宗性的构成维度之后，企业迫切想了解的则是品牌正宗性的形成会受哪些因素影响。诸多案例证明，当企业的品牌拥有了正宗性后，其效益将会有效地被提升。然而，对于企业而言，其难点则是品牌正宗性如何才能形成，在社交媒体时代哪些因素会对其产生影响。消费者的感知是品牌正宗与否的检验标准，因此，本书将以消费者感知为视角，探讨品牌正宗性的影响因素。通过文献研究法找出在社交媒体时代消费者品牌正宗性感知的影响因素，接着，通过设立研究假设、设计测量量表、发放并回收问卷、数据分析及假设验证等步骤验证这些影响因素的科学性，最终确定真正影响消费者品牌正宗性感知的影响因素，为企业的品牌化策略提供理论依据。

（三）品牌正宗性感知的影响结果

在研究了品牌正宗性的构成维度、消费者品牌正宗性感知的影响因素之后，可对品牌正宗性给企业带来的效益进行更进一步的探究。企业需要的效益是通过品牌正宗性塑造带来的品牌效益，品牌效益则体现为消费者对品牌的反应，主要体现在消费者对品牌的态度上。因此，以消费者的品牌态度作为品牌正宗性感知所带来的影响结果，具体的品牌态度变量将在后续研究中进行明确。研究过程中，通过文献研究、实证检验等方法提出概念模型，接着经过假设提出、量表设计、问卷发放与回收、数据分析及假设验证等步骤验证变量之间的关系。另外，进一步深化品牌正宗性的理论，为企业的实践提供更丰富的理论基础。

二、研究方法与技术路线

（一）研究方法

为加深对品牌正宗性的理解，本书对品牌正宗性的构成维度、消费者品牌正宗性感知的影响因素及其影响结果等展开探讨。根据研究需要，采用文献研究、扎根理论、问卷调查、实证检验等研究方法对相关问题展开探讨。

1. 文献研究法

文献研究法是一种以具体主题为对象，通过文献的搜索和分析，总结出新观点的研究方法，其目的是对研究主题特征和性质进行探究（萧浩回等，1995）。本书研究的顺利进行离不开已有文献的理论支撑，文献研究法的运用基本贯穿整个研究。根据研究主题，主要对"品牌正宗性"、"品牌真实性"、"风土产品品牌"、"老字号品牌"等相关理论进行了文献梳理。具体做法则是：首先，在中英文文献检索系统中以"品牌正宗性"（Brand Orthodoxy）、"品牌真实性"（Brand Authenticity）等关键词进行文献的收集和整理；其次，从文献中筛选出与研究较为相关的论文，对这些论文进行精读；最后，通过文献的研读梳理出品牌正宗性的概念定义、形成的内在机理、可能存在的前置变量和后置变量、变量之间的大致关系、概念模型等，进而帮助本书进行模型框架的拟定。在文献研读的过程中，对相关理论的发展脉络、概念定义、结构维度、变量关系等进行了梳理，以期最大限度地理解研究涉及的理论，为本书提供帮助。同时，总结了相关理论研究给本书的启示及其存在的问题和不足，真正做到与文献"对话"。

2. 扎根理论研究法

社会科学研究方法中，除量化研究外，定性研究方法被越来越多的学者所接受（秦金亮，2000）。作为科学的定性研究方法论之一，扎根理论研究法的使用频率和接受度得到了提升。扎根理论最先由 Glaser 和 Strauss（1968）提出，它是一种以经验资料为基础构建出理论的研究方法，通过归纳式的总结发展出理论，它更强调理论抽样和不断比较的重要性，利用这一方法能够很好地构建出理论（Suddaby，2006；于兆吉和张嘉桐，2017）。由于品牌正宗性内涵的相关研究较少，其构成维度尚未形成定论，探索性的定性分析比较适合本研究。因此，本书采用扎根理论研究法对品牌正宗性的构成维度展开探讨。研究步骤大致为：首先，选择在品牌正宗性的打造方面取得了一定成就的企业、对品牌正宗性的打造有一定见解的专家、消费者等为访谈对象，并对其展开小组访谈；其次，收集并记录访谈内容，利用扎根理论的方法对内容进行比较和归纳，得出品牌正宗性构成维度的概念化模型。利用这一方法能够很好地概括出品牌正宗性的结构维度，为后续研究提供基础。

3. 问卷调查法

问卷调查法也称问卷法，是人文社会科学中常用的数据收集方法。具体操作时，研究者应该用可测量的指标来代替研究中的概念，并根据指标设计出问卷，接着邀请被试以当面作答、网络答题或电话问答等方式进行回答，其目的是了解被调查对象对该问题或现象的意见或评价。问卷调查法能否反映出被调查者真实想法的影响因素包括量表的质量、样本的选择以及数据的科学分析。在本书研究中，品牌正宗性的构成维度是否科学、品牌正宗性的影响因素是否正确、品牌正宗性对消费者的品牌依恋、积极口碑反应有没有影响等都需要通过设计测量量表进行数据的收集，进而得到验证结果。在问卷的设计过程中，考虑到问卷调查操作的难度，将研究的三个方面涉及的问项合并在一份问卷中。问卷问项的来源方面，品牌正宗性的构成维度测项来源于扎根理论研究得到的结果，消费者品牌正宗性感知的影响因素及其影响结果的测项则在已有文献的基础上演变而来。问卷调查被试的选择根据研究需要，合理选择调查对象进行问卷的回答。问卷的发放则以面对面发放问卷和网络发送调查链接两种方式为主，争取尽可能多地发放问卷。

4. 实证检验法

为使研究的结果更加科学，本书采用了定性和定量相结合的方法对品牌正宗性展开探讨。实证研究指研究者通过收集一手或者二手数据资料，运用数理统计技术对数据进行分析，进而验证相关变量之间关系而展开的一系列研究。目前，学者们主要运用相关实证研究软件进行相关操作，管理学的实证研究中，普遍运用的数据处理软件包括 SPSS、AMOS、STA-TA 等，本书使用的软件主要是 SPSS、AMOS。在实证检验过程中，为了检验消费者品牌正宗性感知的影响因素及其影响结果模型的科学性和有效性，利用问卷调查法收回的数据，通过实证检验对研究模型和假设进行验证，最终得到更科学的模型。通过这一系列分析，所得到的研究将会深刻地揭示品牌正宗性的内涵、形成机理及其作用机制，研究结论也将更好地指导企业利用社交媒体进行品牌正宗性的打造，加快企业的品牌化建设进程。

（二）技术路线

结合本书涉及的内容以及运用的研究方法，本书对品牌正宗性结构维度及其影响机制研究设计了科学合理的技术路线，确保研究可以顺利地进行。技术路线主要由研究问题提出、理论回顾、研究模型与假设、实证检验、研究结果与讨论 5 个步骤组成。每个步骤所对应的研究工作和研究方法具体如图 1-1 所示。本书通过两个研究对品牌正宗性展开探讨，分别是品牌正宗性的构成维度、消费者品牌正宗性感知的影响因素及其影响结果，后续的研究也将根据技术路线图展开。

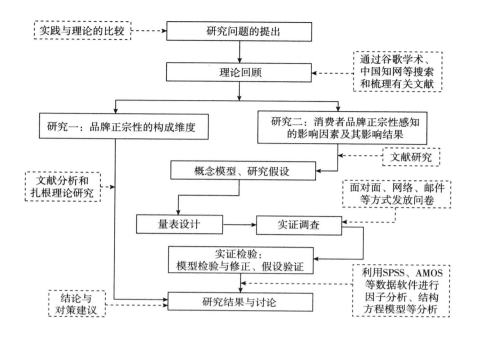

图 1-1　本书的技术路线

第四节　研究意义与研究创新

一、研究意义

通过以上对研究背景的阐述、对研究问题的界定、对研究内容和方法的确定等可知，本书探讨的是品牌正宗性的结构维度、消费者品牌正宗性感知的影响因素及其影响结果两个主题。这两个研究主题共同组成了品牌正宗性的理论研究，研究结果在理论和实践方面都有着重要的价值。

（一）理论意义

本书的研究能够为品牌正宗性的学术研究提供理论意义，具体包括以下几点：首先，帮助研究者们加深对品牌正宗性的系统化认知。目前，学术界对品牌正宗性的研究甚少，已有研究多数侧重对品牌正宗性的案例性描述或者品牌真实性、老字号品牌、风土产品品牌等类似概念的探讨。这导致已有研究对品牌正宗性的内涵、影响机制等探讨较少，不利于深化对品牌正宗性的理解。本书不仅探讨了品牌正宗性的结构维度，还对消费者品牌正宗性感知的影响因素以及影响结果进行了深入的探索，对品牌正宗性较为充分和深入的探讨能够为未来的研究提供系统的理论借鉴，为后续研究奠定理论基础。其次，对品牌正宗性结构维度的探讨能够加深对品牌正宗性的理解。只有在对品牌正宗性的概念内涵有了深刻的理解之后，才有可能开展更深层次的研究。已有研究对品牌正宗性内涵的探讨甚少，可能由于文化背景的不同，正宗性似乎在中国更具有普遍性，因此外文文献中对品牌正宗性的探讨非常少，相似的研究主题如品牌真实性、风土产品等的研究倒比较多。最后，探讨了消费者品牌正宗性感知的影响因素及其影响结果，这不仅为品牌正宗性打造的具体策略提供了理论指导，更有益于深入认识品牌正宗性提升企业绩效的内在机制。

（二）实践意义

在实践意义方面，能够为打算或正在利用赋予品牌正宗性的方式进行品牌化战略的企业提供理论借鉴。本书对品牌正宗性的结构维度、消费者品牌正宗性感知的影响因素及其影响结果进行了深入的探讨，研究结果能够有效地指导企业的实践。首先，研究得出的品牌正宗性构成维度不仅仅是对品牌正宗性内涵的解释，还是企业品牌正宗性打造的"参考书"。企业可以利用本书结论，对照品牌正宗性的结构维度，对品牌进行自测，从而发现企业在品牌正宗性的打造方面存在的优势和不足，并根据本书对品牌正宗性各构成维度的详细解释进行改进。其次，研究得出的消费者品牌正宗性感知的影响因素更进一步地为企业在社交媒体时代打造品牌正宗性提供了指导。企业可以根据研究得出的品牌正宗性影响因素对企业的环境以及自身条件进行检测和筛查，对不利于品牌正宗性发展的因素进行改进，对有利于品牌正宗性发展的因素进行加强，从而为品牌正宗性的打造提供更好的条件。最后，对消费者品牌正宗性感知的影响结果探讨也为企业的具体操作提供了启示。企业可以利用这一研究结果，采取恰当的策略影响消费者对品牌正宗性的感知，从而形成消费者的积极品牌态度，最终提升企业的效益。

二、研究特色和创新

本书对品牌正宗性的结构维度、消费者品牌正宗性感知的影响因素及品牌正宗性感知的影响结果进行了探究。这三个研究内容共同组成了品牌正宗性的理论研究，本书的研究内容、研究过程、研究结果等具有一定的特色和创新。

（一）研究特色

1. 研究结论的实践价值较强

本书对品牌正宗性的结构维度、消费者品牌正宗性感知的影响因素以及品牌正宗性感知的影响结果进行了深入的探讨，研究结果能够有效地指导企业的实践。首先，品牌正宗性的塑造是企业较为关注的问题，在社交媒体时代众多企业在品牌建设过程中试图通过强调品牌的正宗性来获得竞争优势，然而由于各种原因效果不尽如人意。因此，对品牌正宗性问题的探讨很有必要。其次，对品牌正宗性构成维度进行了探究，研究结果能够帮助企业加深对正宗性的理解，企业也可以利用研究结论对品牌进行自测，从而发现企业在品牌正宗性的打造方面存在的优势和不足，并根据本书对品牌正宗性各构成维度的详细解释进行改进。最后，对品牌正宗性感知影响结果的探讨也为企业的具体操作提供了启示。企业可以利用这一研究结果，采取恰当的策略影响消费者对品牌正宗性的感知，从而获得消费者的好感和口碑，最终提升企业的效益。

2. 体现交叉研究的特点

本书结合了品牌管理、消费者感知以及品牌正宗性等多理论视角的观点与分析思路，因此在研究设计和方案执行方面有着扎实的理论基础。现有关于品牌正宗性的研究多集中于品牌化现象、策略、前因后果的理解方面，已有研究对品牌真实性、品牌本真性等概念进行了较为深入的探讨。然而品牌正宗性与品牌真实性虽然有一定的相似性，但是二者是两个不同的概念，不能混为一谈，否则会导致研究不准确、研究结论难以指导实践的情况发生。本书依据不同的理论观点，对品牌正宗性的内涵维度进行深入的探索，并从消费者感知的视角对品牌正宗性感知的影响因素及其影响结果等展开探讨，研究结果能够丰富品牌正宗性内涵等相关理论，加深对品牌正宗性内涵及其作用机制的理解。

3. 本书研究了学界广泛关注但尚未解决的问题

学术界对品牌正宗性的研究甚少，已有研究多数侧重品牌正宗性的案例性描述或者对品牌真实性、老字号品牌、风土产品品牌等类似概念的探讨。其中学者们对品牌真实性的研究较多且较深入，然而从学者们对品牌真实性的定义中可以看出，品牌真实性与品牌正宗性有一定的相似之处，但是差别挺大，属于两个不同的概念。因此，对品牌正宗性的探讨很有必要。已有研究对品牌正宗性的内涵、影响机制等探讨的缺乏不利于深化对品牌正宗性的理解。本书对学术界广泛关注的品牌正宗性问题进行了深入的探讨，研究结果将为学术界提供理论价值。

（二）研究创新

1. 推动品牌正宗性理论的发展

社交媒体的开放性和互动性为建立真实、透明、有参与感的品牌正宗性提供了前所未有的机遇，较多企业通过塑造品牌的正宗性获得竞争优势，赢得消费者喜爱。然而也有不少企业因为不理解品牌正宗性的内涵，在品牌正宗性建设方面收效甚微。文献研究发现，学术界对品牌正宗性的研究甚少，理论研究滞后于实践，这不利于实践的顺利进行。针对这一情况，本书首先对品牌正宗性的内涵进行探索性分析，其次探究了消费者品牌正宗性感知的影响因素，最后对品牌正宗性感知的影响结果进行了分析。这一系列研究能够帮助学术界加深对品牌正宗性的理解，推动品牌正宗性理论的发展，为企业的品牌化建设提供理论指导。

2. 运用定性定量相结合的方法探讨品牌正宗性

本书主要是对品牌正宗性结构维度、消费者品牌正宗性感知的影响因素及其影响结果的探讨。根据研究的主题和特征，采用 Ulin 等（1996）提出的定性定量相结合的方法展开探讨。具体而言，首先，通过定性研究方法探讨品牌正宗性的构成维度。由于关于品牌正宗性内涵的研究较少，这就导致研究具有一定的探索性质，而定性研究方法则是一种较好的探索性研究法，它能够帮助研究者很好地理解现象的特征、过程、演变以及内部的关系。其次，运用定量研究方法对消费者品牌正宗性感知的影响因素及其影响结果做了进一步的探讨，具体的步骤包括文献分析、研究假设、量表设计、问卷调查、数据分析、假设验证等。定性和定量相结合的方法能够对两种方法的优劣势进行互补，帮助本书更科学地探究品牌正宗性的内涵及其作用机制。

3. 从企业及消费者的视角探讨品牌正宗性

品牌正宗性问题不仅涉及企业的具体实践，还包括消费者的感知和评价。因此，品牌正宗性的研究不能仅仅从单一的企业或者消费者视角进行探讨，应该从多个视角展开研究。本书在品牌正宗性的内涵维度探索阶段，通过筛选优秀的正宗品牌企业，并对相关人员进行扎根访谈，最终得出了研究结论。从企业的视角对品牌正宗性的结构维度进行探究，能够帮助企业更好地理解其内涵。在品牌正宗性的影响因素和影响结果探究阶段，则从消费者感知的视角进行研究。这是因为品牌正宗与否最终的判断权在消费者手中，因此应该从消费者的视角探究其影响因素和影响结果，这样才能更好地指导企业在社交媒体时代进行营销活动。分别从企业及消费者的视角进行探讨能够帮助我们更全面地了解品牌正宗性，最终科学地指导企业实践。

第二章
文献综述

　　第一章对本书研究的背景、研究问题及现状、研究内容和方法以及研究意义等进行了介绍。本章在此基础上对相关文献进行梳理和归纳，为后续研究的开展奠定理论基础。本章对品牌正宗性的相关文献进行了分析，主要内容包括：首先，对品牌和正宗性这类基础性的理论进行文献梳理，界定其概念、发展历程、结构维度等，为后续深刻理解品牌正宗性提供理论基础；其次，对现有文献围绕品牌正宗性定义、结构维度、策略、作用机制等相关的研究进行详细的梳理，由于品牌正宗性已有研究较少，因此本部分还对品牌真实性、品牌本真性、老字号品牌等相关研究进行整理和分析，从而为研究提供理论借鉴；最后，对已有研究进行总结和评述，找出现有文献对本书研究的启示及其不足之处，进而指出研究的必要性。

第一节　社交媒体营销理论基础

　　在社交媒体营销理论的探讨中，研究者有必要以明确定义的方式深入研究涉及社交媒体营销的相关理论。考虑到社交媒体营销理论的建构离不开对网络社交、信息传播等领域的讨论；因此，本节在社交媒体营销理论框架内，对社交媒体营销中的理论基础展开系统而详细的论述，以深刻理解社交媒体营销理论的核心概念。

一、社交媒体营销的概念界定

社交媒体是基于互联网技术的迅猛发展和 Web2.0 概念的兴起而产生的可以交流信息、创造内容的一种平台（Kaplan & Haenlein，2010）。通过这些平台，用户可以创建、共享以及交互性地参与内容的数字化（Ritzer & Jurgenson，2010）。随着社交媒体的普及和企业广告宣传活动的增加，社交媒体成为企业重要的推广平台。用户不仅仅是信息的消费者，还是内容的创作者和分享者（Kaplan & Haenlein，2010）。信息的传播方式向主动、双向的模式转变（刘珂，2019）。在这一时期，社交媒体营销理论逐渐成为关注焦点。研究者们将营销理论引入社交媒体领域，如美国营销协会 AMA（American Marketing Association）将社交媒体营销定义为一种利用社交媒体来进行市场营销、维护公共关系、销售、开拓及服务客户服务的方法，但是这种定义仍然属于传统营销的一部分。之后的学者发现，社交媒体上的品牌形象可以通过与用户互动、创造个性化的内容和传达品牌故事来建立（Bullock & Agbaimoni，2012）。用户在社交媒体上的互动，使品牌信息可以更迅速地传播，从而对品牌价值有正向的影响（Saravanakuma & Suganthalakshmi，2012）。因此，有学者认为，社交媒体营销是企业评估顾客和品牌在社交媒体上的互动，将网络互动转化为有价值的战略手段以实现理想的营销结果（Li et al.，2021；陶键，2022）。还有一些学者认为社交媒体营销由四个子维度组成，包括定制、娱乐、潮流和互动（Liu et al.，2021）。这一理论反映了在社交媒体上与消费者建立情感联系的重要性，以促进品牌认知和忠诚度的提升；同时指导企业在社交媒体上与具有影响力的用户建立合作关系，提高品牌在目标受众中的影响力。

二、社交媒体营销的类型和特点

（一）社交媒体营销类型

社交媒体营销根据其功能和形式的不同，可以被划分为多种类型。本书将社交媒体营销分为四个类型，分别是商务社交、内容社交、社交监测、客户关系社交。其中，商务社交是指通过在社交媒体平台上展开交流活动，从需求识别、购前、购买到购后的各个阶段促进交易。内容社交致力于在多种形式中创造和传播有教育性或引人入胜的内容以吸引和留住目标受众。通过提供有价值的内容，提高用户参与度，最终可能提升产品或服务的销售。社交监测注重监测社交媒体上的活动和反馈，以更好地了解消费者对品牌、产品或服务的看法，这有助于企业更灵活地调整战略，把握市场趋势和满足消费者需求。客户关系社交是通过在社交媒体上建立和维护与顾客的关系，强调与顾客的互动，以提高客户满意度、忠诚度和口碑。这些类型代表了企业在社交媒体上的不同营销类型和方向，每种类型都有其独特的目标和战略方法。企业需要根据自身实际情况灵活使用不同的营销模式开展对应的营销活动以取得预想的效果。

（二）社交媒体特点

首先，社交媒体营销的低成本性是其独特之处。社交媒体相较于传统媒体渠道和传统网络媒体平台而言，如静态网页网站，能够以更低的成本向目标消费者群体传播公司品牌及产品的宣传和促销活动。这种低成本性为企业提供了经济高效的广告手段，使得小型企业和创业者也能够利用社交媒体平台进行品牌推广。其次，社交媒体营销的互动性在消费者与品牌之间建立了更加深入的关系。社交媒体充分利用了网络交互的优势，为企业与消费者创造了多方面的互动。相较于传统媒体单向传播渠道，社交媒体营销使得消费者能够直接参与到组织的营销活动中。他们不仅能够提供实时反馈和评价服务质量，还可以积极参与品牌的活动，分享有关产品的信息，并在社交媒体上创造对他们有价值的内容。这种互动性为企业提供了更深层次、更真实的与消费者连接的机会。最后，传播不可控性则是社交媒体营销所面临的挑战。消费者在社交媒体上具有更大的传播和影响能力，这赋予了消费者一定的权力，消费者的自发行为可能对企业品牌建设和产品销售产生深远影响，但这种影响却是企业难以完全掌控的。企业需要认识到社交媒体传播中的不确定性，采取灵活的营销策略，与消费者建立更紧密的联系，以更好地应对负面信息传播的挑战（Muniz & O'guinn，2001）。这也促使企业更加重视品牌形象在社交媒体上的管理和维护，以降低负面影响的可能性。

三、社交媒体营销的影响机制

（一）社交媒体营销的影响因素

通过文献梳理，社交媒体营销想要达到理想的效果受到多方面因素的影响。首先，深入了解目标受众是营销成功的首要因素，企业可以通过调研和数据分析明确受众特征和偏好，创建适合目标受众的内容，并与关注者分享。社交媒体平台在促进信息共享和增强双向沟通的互动方面发挥着重要作用（Obeidat et al.，2020），而且不同平台有不同的用户群体和特点，因此选择合适的社交媒体平台同样至关重要。其次，制作高质量、高创意且有吸引力的内容是影响社交媒体营销的关键。内容需要与目标受众的兴趣和需求相契合，以引发用户的共鸣和参与。利用社交媒体平台通过个性化的内容创造与客户互动共同创造价值（Li et al.，2021）。建立互动性和参与感，通过回应用户评论、开展有趣的互动活动，可以增强用户与品牌的亲密连接。与关键意见领袖（KOL）合作，可以借助其影响力拓展品牌知名度，通过与 KOL 合作进行个性化广告推荐能有效提高广告的精准度，增加转化率（Dwivedi & McDonald，2018）。同时，通过整合销售、沟通、数据监测、关系建立和战略实施等活动，企业可以从与客户的社交媒体互动中获取和利用不同的价值（Ju et al.，2021）；对信息数据分析和策略的优化也是影响营销效果的重要因素。最后，了解社交媒体平台的算法和竞争环境，寻找差异化亮点，有助于品牌在竞争激烈的社交媒体环境中脱颖而出。这些因素相互交织，需要品牌团队的精心策划和灵活执行，方能取得最佳的社交媒体营销效果。

（二）社交媒体营销的影响结果

在过去的几年里，社交媒体作为品牌与消费者互动的虚拟平台发挥了至关重要的作用（Appel et al.，2020）。通过社交媒体的传播和扩散，品牌知名度不断提高（Cheung et al.，2021），目标受众的覆盖程度也在提高，从而吸引用户互动和参与（Nijssen & Douglas，2011）。积极的社交媒体营销有助于构建品牌的口碑；消费者会通过社交媒体访问在线群体，通过消费者的口口相传更好地了解产品或服务（Dedeoğlu et al.，2020），从而影响潜在客户的购买决策。此外，社交媒体为品牌提供了低成本的营销方式，使中小型企业也能够克服资源限制并从中受益（Brink，2017）。通过整合销售、沟通、社会监测和关系建立等活动，企业可以从与消费者的社交媒体互动中获取和利用不同的价值（Ju et al.，2021）。消费者成为价值共创者，通过各种创造内容、塑造口碑等方式贡献价值（Rashid et al.，2019）。总体而言，社交媒体营销对于品牌的影响举足轻重，它已成为实现品牌相关宣传、维持值得信赖的品牌地位和产生积极口碑的日益重要的工具（Dwivedi et al.，2019）。

第二节　品牌正宗性的理论基础

对本书研究所涉及品牌正宗性相关问题的探讨应该以明确概念为起点，因此研究者需要对品牌正宗性的概念进行界定。本节将在文献研究的基础上对品牌正宗性的概念定义展开探讨。由于品牌正宗性这一概念是建立在品牌理论、正宗性理论等的基础上，因此有必要对品牌基础理论、正宗性基础理论进行梳理，进而加深对品牌正宗性概念的理解。

一、品牌基础理论

（一）品牌的概念界定

品牌这个词演化自古斯堪的纳维亚语的"Brandr"一词，原意是燃烧、打上烙印（Keller et al.，2011），其最初的意思与现在品牌的涵义有一定的相似之处，即标志、印记。在我国，早在明清时期就已经开始使用"照牌"、"字号"等与品牌类似的词语。然而，这些词语与品牌的真正涵义还是有一定区别的。直到 20 世纪 50 年代，奥美广告公司才提出了品牌的概念，我国则在 20 世纪 80 年代把"Brand"翻译为"品牌"。随后，学术界围绕着品牌逐渐展开了丰富的研究。然而，在品牌概念界定方面，学者们还未达成共识，学界对品牌的定义大致可分为以下几类。

1. 品牌标识理论

品牌标识理论的主要观点是品牌就是一种标记、符号等。美国市场营销协会对品牌的解释为，品牌就是名称、标记、符号或者它们的组合，其意义是使自己与竞争者的产品或服务区别开来，进而帮助消费者进行辨别和选择（Kotler et al.，2015）。《营销术语词典》(Dictionary of Marketing Terms) 中也将品牌定义为企业为产品或服务专门设计的名称、符号图案等或者这些要素的组合，其目的是区别于其他产品或服务（Bennett，1995）。Chernatony（2010）同样认为品牌是一个用来识别产品或服务的名称、符号、设计等，其目的是用于识别出某一产品或服务。品牌标识可以帮助品牌在消费者心中营造正面的品牌形象、提高公司声誉以及消费者对于企业产品的感知。艾丰（2001）则直白地指出品牌就是商品的牌子，他还进一步指出牌子的类别包括：首先是产品的牌子，也就是人们常见的"商标"；其次是企业的名称，也就是人们常说的"商号"；最后是商品的牌子，也就是人们常说的产品品牌。余明阳和戴世富（2009）也认为品牌就是一种名称、符号、象征或它们的组合，它的存在方便了对产品或服务的识别，消费者通过品牌能够识别出产品的来源，它不仅能够保护企业和消费者的利益，还能够在一定程度上阻止竞争者的模仿。

2. 品牌个性理论

20 世纪 80 年代以后，随着企业广告宣传活动的增加，品牌作为企业重要的识别标志逐渐成为了企业的推广重点。为了在消费者心目中占据重要地位，企业开始了品牌个性化策略的实施。这一阶段，品牌个性理论也得到了发展。研究者将人的个性理论延伸到品牌中，形成了一类新的理论。例如，Plummer（1985）指出，品牌可以用拟人化的词语（如优雅的、有魅力的）来进行描述，品牌具有的个性能够向消费者传递情感，进而帮助消费者进行产品的选择。Keller（1993）对品牌个性进行了定义，认为品牌个性是指与品牌相关的人格特质的组合。Aaker（1995）则指出品牌个性是品牌的人格化特征，具体包括品牌所传递的与其受众相关的性别、年龄、阶层以及性格、气质等，品牌个性赋予了品牌象征性，能够帮助消费者进行自我表达。在此基础上，Aaker（1997）进一步指出品牌在传递出产品或服务的价格、质量、用途等功能性利益的同时，还能反映出品牌的个性、其与用户之间的关系、用户形象等信息。他还在研究中进一步指出，品牌如果没有个性，就像人没有朋友一样很容易被忽视。Biel（1993）也强调品牌拥有了个性后趣味性更强，也更容易被记住，同时还可以作为消费者彰显身份的一种工具。作为企业差异化战略的一种重要方式，品牌个性能够帮助消费者建立起对企业品牌的认知。Azoulay 和 Kapferer（2003）认为品牌个性是适用于品牌及相关特征的集合。Ekinci 和 Hosany（2006）将品牌比作一个人，而品牌个性则是一个人具有的个性特征。

3. 品牌关系理论

部分学者则从关系的视角对品牌进行了解释。Fournier（1995）指出关系理论应该延伸到品牌理论中，因为品牌会和消费者形成类似于人与人一样的关系。Aaker 和 Joachimsthaler（2012）认为品牌指企业、产品或服务与消费者之间的沟通和联系。品牌要与很多对象进行沟通，其中最主要的是消费者通过产品或服务与品牌的交流，整个过程也可以说是消费者的一种体验、一种互动。企业如果无法与消费者形成亲密关系，其产品或服务成为品牌的可能性也就会大大降低。通过社交媒体营销可以提高品牌与消费者的关系亲密度（Han & Kim，2020）。Kotler 等（2015）也指出，品牌并不仅仅是一个符号或者象征，它还包含了消费者对一个产品或服务的认识和感知，代表了产品或服务为消费者带来的意义，这些最后帮助品牌真正被消费者所接受。品牌是大众对组织以及组织产品的认识的总和，并且品牌是以大众为中心的，品牌的形成也源自大众的统一认识（余明阳和戴世富，2009）。学者们围绕着品牌关系理论展开了较多探讨，已有的品牌关系研究主要包括品牌关系的参与对象有哪些、其影响因素有哪些、品牌关系的形成过程是怎样的、品牌关系会对消费者行为产生什么影响等（周志民，2007）。

4. 品牌价值理论

随着企业品牌实践的不断推进，实践界和学术界对品牌又有了新的理解，学者们纷纷从价值理论的视角对品牌进行了解释。Simon（2001）指出在提到某一品牌时，消费者会产生积极、部分积极或者消极的想法，而这些想法就是品牌价值。品牌不只是企业的标志，它还是企业价值的载体，而企业的价值则通过品牌名向消费者进行相关资讯的传达。因此，一个品牌往往能够反映出其产品的质量、风格、服务水平等，久而久之，品牌就会在消费者心目中成为特定消费价值的代表（何君和厉戟，1999）。品牌包括了功能性价值和情感性价值，是这两种元素的组合（Chernatony，2010）。依照 McEwen（2005）的观点，品牌是消费者对产品、服务或者供应商的一种情感依恋，是消费者在使用了产品或服务之后情感得到了满足的一种结果，消费者的情感得到了满足之后，品牌往往会为企业带来超出商品本身价值的收益。Jones（2000）则指出品牌不仅可以为消费者带来功能性利益，还能为其提供愉悦、满足等的功能利益或附加值的产品或服务，并且品牌最重要的部分就是功能利益或附加值。作者对 1 万个样本的调查结果表明，在消费情境中，多数人的购买决策都会受到品牌所带来的附加值的影响。有学者认为品牌价值基于消费者的喜爱、忠诚以及品牌形象（Nadanyiovam，2018），是在品牌投入效果和品牌认同度共同作用下形成的，并且品牌价值外在表现为市场价值（谢京辉，2017）。

（二）品牌的特征和作用

1. 品牌的特征

（1）品牌具有专有性。品牌能够帮助消费者分辨出不同企业的产品或服务。品牌的所有者通过法律的认证，拥有品牌的所有权，任何人以及企业都不能仿制。品牌的专有性也可以理解为排他性。

（2）品牌具有无形性。品牌是企业的无形资产，企业可以通过品牌的竞争优势提高企业效益，还能通过品牌进行市场的延伸。这种价值虽然不能像有形资产那样进行衡量，但是却能为企业带来顾客信任、顾客忠诚、顾客满意等无形的收益。

（3）品牌具有风险性和不确定性。在品牌的发展过程中，市场环境日益变化，品牌可能会越来越强大，也可能会面临失宠甚至是消失的窘境。例如，社交媒体改变了品牌内容的设计、传播和消费方式（Appel et al.，2020），并将塑造品牌形象的权力从营销人员转移到消费者的在线内容上。这意味着消费者通过社交媒体平台可以更加主动地参与品牌形象的塑造，通过分享和评论等方式直接影响品牌在公众中的形象。所以，品牌在其发展中有一定的风险，同时还面临着很多不确定因素，导致品牌管理工作复杂且艰难。

（4）品牌具有表象性。品牌是企业的无形资产，其最初存在的目的是方便人们记住产品或服务，因此企业往往通过具体化、有形化的方式来展现自己。企业展现自己的方式包括对文字、图案、符号等直观信息或者产品质量、知名度、美誉度等间接信息的宣传，这些形式能够让消费者对品牌产生直观的感受。

（5）品牌具有扩张性。品牌代表了企业的产品或服务，能够帮助消费者进行识别，这些特点可以帮助企业进行扩张。

2. 品牌的作用

（1）品牌能够展示出产品或企业的核心价值。企业通过品牌的宣传能够使消费者对产品或服务产生好感，从而进行购买或是重复购买。消费者则通过不断体验品牌产品，逐渐形成满意、信任，将这种感受印刻在脑海中，并且通过社交媒体将这种感受分享给更多人，为将来的消费决策提供依据。

（2）品牌能够帮助消费者进行商品的识别。品牌最开始的作用就是用于识别某企业的产品或服务。每个品牌的产品类型、功能、目标人群等都是不同的，品牌所属的企业往往会使用独特的识别设计，如有个性的图案、文字等，目的是与竞争者区别开来。品牌的功能、诉求、理念等可以通过社交媒体平台宣传、消费者的使用等让消费者对其产生了一定的认知，通过品牌消费者可以识别出该品牌所代表的产品特性、生活理念、文化背景等，根据品牌诉求和自身需要的匹配度进行商品选择。

（3）品牌是企业产品信誉的保证。在激烈的市场竞争中，企业已经形成了塑造品牌、打造名牌的共同认识。在购买过程中，消费者往往会根据品牌区别产品或企业，最终做出决策。当企业的品牌成为了名牌时，其用户对其产品或服务的忠诚和信任也得到了提升，企业在市场竞争中就拥有了坚实的群众基础。

（4）由于消费者对品牌价格的敏感度往往会随着消费者对品牌信任和忠诚的提高而降低，因此，品牌的另一大作用是品牌溢价。当企业的品牌通过社交媒体进行营销之后，消费者往往会因为对其产品质量、设计风格、理念、价值主张等的认可而降低对价格的敏感（Erdem et al.，2002）。

二、正宗性基础理论

品牌正宗性这一概念是由正宗性的相关理论延伸而来，因此要想深入了解品牌正宗性的概念内涵，首先得寻根溯源，探明正宗性的概念及结构维度。本节对正宗性的定义和内涵进行了文献梳理和总结，为了更好地理解品牌正宗性，对与正宗性相关的概念如正统性、真实性等的概念进行了文献总结。

（一）正宗性的概念及内涵

文献研究发现，"正宗"这个词语最先出现在《简易经》中，书中提到："猿人也，猿猴也，一祖二别也。同是灵物，我别灵而有慧进化也，他别灵而无慧守宗也。他正宗，我亦正宗。"其大致意思是说，猿人和猿猴是同一个猿类祖宗，但是猿人最后进化为人类，猿猴基本保持祖宗的模样，进化并不大。猿猴、人类都正宗。这里的正宗主要是指血脉的传承。《辞海》对正宗的解释是正统的、道地的，同时它也是佛教用语，佛教禅宗称初祖达摩所传的嫡派就是正宗，因此它还泛指学业技术的嫡传正派。

现有文献研究中，Pratt（2014）指出，正宗性是消费研究领域关注的重点问题，研究者一般都将生产、消费与正宗性联结起来进行探讨。Pratt在其研究中指出，正宗容易让人联想到地道、原初、真实等词语，正宗性往往包含了物品所有者对自我的肯定，要想了解什么是正宗的，就要先界定清楚什么是不正宗或者虚假的。就正宗的含义而言，杨晨（2017）结合真实性的概念对正宗性进行了定义，她从两个方面对正宗性的含义进行了分析：从客观主义的角度来看，正宗与否的判断依据是其是不是仿造和夸张的，这里与正宗相对的词语是"山寨"，正宗的存在能够帮助人们区分事物的真假；从建构主义的角度来看，正宗的含义不仅体现在事物的客观本质上，还包括人们在观察到了事物本质，且融入了社会因素后对正宗的理解。就正宗的影响因素而言，张静红（2016）指出，正宗性往往受两个方面的影响：一是产品的生产会影响成品的质量，进而对产品的正宗性产生影响，如产品生产过程中的环境、产品采用的生产工艺等；二是消费者对产品的正宗性进行判断，如产品的味道、在社交媒体上学习到的鉴别知识等。

通过文献的梳理，发现学者们对正宗性的学术探讨较少。与正宗性相关的概念有正统性、合法性、真实性等，学者们对这些概念的研究能够帮助本书加深对品牌正宗性的理解。因此，接下来对这些相似概念进行文献梳理和总结。

（二）正统性的概念及内涵

正统性与正宗性的概念较为相似，关于正统性的文献研究较多，学者们多数从历史学和政治学的角度围绕着正统性展开了较为深入的探讨。接下来，本部分将对这些文献进行梳理和总结，为加深对品牌正宗性的理解提供理论借鉴。

《现代汉语词典》将正统定义为封建王朝先后相承的系统，是指党派、学派自从创建以来一脉传承的嫡系关系。《辞海》与《现代汉语词典》对正统性的解释相差不大，但是《辞海》在释义中加上了"自称"一词，也就是说正统并不是绝对的，凡是强调自己正统的，都是"自称"的。英文中正统性的单词有两个，一是"Lineal"，指直系的、嫡系的一种关系；二是"Orthodox"，指正统的、规范的、公认的。

从直系、嫡系角度切入，杨彬（2011）认为正统代表着一种传承关系，这种传承主要体现在血缘的传承方面，这种传承关系不仅伴随着权利、财务、荣誉等的继承，它还包括了合理性、合法性、正当性、权威性等的内容。其研究指出，正统性包括了事物在传承过程中不改变其状态、特征的特性。具有正统性的事物在其发展过程中往往状态比较稳定。正统事物拥有的这种稳定性以及传承人对这种稳定性的维护，使得人们能够避免很多的随意性。王朝海（2012）同样认为，正统与政统、道统等的含义相似，而血统纯正的人或者文统纯正的人都可以被称为正统，与正统相对的词有伪统、僭统。在正统性形成方面，从历史演进的视角，徐卫东（2001）强调一个新王朝要想让人认可它的正统性，可以从两个方面进行努力：第一种方式是禅让，这种方法需要前朝将合法的正统地位安稳地传给下一个朝代，整个过程应该是平静而温和的，不能有争斗、战争的发生，这样新朝的正统性才不会被质疑。第二种方式则是剧秦，即通过推翻前朝的正统性来确定新朝的正统性。这种方式是改朝换代常用的手段，过程中往往伴随着战争、争斗等。

先行相关研究虽然多从历史学、政治学的角度对正统性展开了探讨，但是这些研究观点能够在一定程度上帮助本书加深对正宗性的理解。例如，正统性所包含的嫡传性、传承性、合法性等特性与正宗性有一定的相似之处。但需要指出的是，以上研究中的正统性更多地应用于正式组织或制度方面，正宗性主要运用于非正式组织或者制度中（黎小林等，2015）。后续研究中，品牌正宗性的概念界定、维度开发、量表设计等工作都可以从正统性的研究中寻求借鉴。同时，与正宗性相似的概念还有真实性（或者本真性）等，学者们也对其进行了研究，接下来将对真实性的相关文献进行深入的梳理和总结，帮助研究者加深对正宗性的理解。

（三）真实性的概念及内涵

真实性概念与正宗性的概念较为相似，关于真实性的文献研究较多，学者对真实性的概念界定、内涵维度、作用机制等展开了深入探讨。接下来，本研究将对这些文献进行梳理和总结，为加深对品牌正宗性的理解提供理论借鉴。

在英文中，真实性对应的词是"Authenticity"，由于语境、运用场合等的原因，学界对真实性的理解观点不一（Golomb，1995）。也由于这些原因的存在，真实性与"Authenticity"的中英文对照翻译比较混乱。已有研究多数将"Authenticity"翻译为真实性、原真性、本真性。真实性这一词是从希腊语演变而来，最开始有权威的、原初的、创始人等含义。《新韦伯学院词典》中，"Authenticity"涵盖了原初的、真实的、可信的等含义。从真实性最初的定义来看，原初的应该是真实性最基本的涵义。Boorstin（1964）根据客观主义哲学的思想对真实性进行定义，他认为真实性就是客观真实，它与原物完全对等。Lowenthal（1994）指出，真实性的含义包括真正、真实、原创、诚实、神圣等，其相对的词语是虚假、伪造、复制、欺骗、世俗。Nijssen 和 Douglas（2011）则在其研究中对真实性偏好进行了定义，认为真实性偏好指消费者对某一产品或者品牌的喜好，这种真实性产品能够帮助消费者通过产品的使用延伸自我，创造出与自我相关的价值。

学术界对真实性的探讨始于对旅游真实性的研究，学者们以游客体验为视角对旅游真实性展开了深入的分析。MacCannell（1973）首次将前后台理论延伸至旅游研究领域，并据此提出了舞台化的真实性，认为游客的旅游行为就是一种追求事物真实性的过程，游客在旅行过程中往往渴望融入到目的地的生活中，与当地人民亲密接触。然而，旅游者看到的景观往往都是舞台化的真实性，这些景观也只是目的地以布景的方式呈现给旅游者的。此外，这些"后台"是神秘且封闭的，外人往往难以真正触碰到原真，而且为了保护旅游资源，管理者通常通过"前台"展示"后台"，其中"前台"就是对"后台"的仿真。

Cohen（1988）在 MacCannell（1973）的基础上对真实性的内容进行了延伸，他在舞台化真实性的基础上发展出了建构性和自然生成的真实性。其中，建构真实性并没有标准的特征或形态，它是多样的，这是因为这种真实性是由不同旅游者对旅游地的期待、偏好、信念等共同作用下形成的，并且这种真实性会受旅游者的旅游经验影响，游客感受到的真实往往是一种象征性的真实。自然生成的真实性则往往受时间的影响，某些事物可能在开始时还不被认为是真实的，但是过了一段时间以后却被认为是真实的。Cohen 指出真实性有着复杂的含义，具体包括：一是事物在起源方面的真实性，如事物在生产、传承、权威等方面的历史悠久程度，事物在遵循传统或习惯方面的表现等，与其相反的特性是歪曲；二是真正性，主要表现为产品是真实的，没有掺假，表里如一，与其相反的特性是替代物；三是事物的原生特性，即纯天然、没有添加杂质的一种状态，与其相反的特性是过度开发；四是事物的真诚特性，即事物在与个人进行交流的过程中表露出了真实的情感，与其相反的特性是虚伪；五是事物在创造性方面的真实，这一特性在艺术作品方面的表现尤为突出，与其相反的特性是复制、仿造；六是事物作为生命律动的真实性，这一特性强调的是自然而然的一种状态，具体表现为无目的性、未被符号化等。

Wang（1999）则将舞台化真实性延伸为客观真实性，指出客观真实性为事物最初始的特性，人们可以通过固有的评价标准或者专业知识对这种真实性进行判断，这类真实性具体是指旅游目的地的旅游项目、旅游文化等的真实程度。同时，Wang 还总结了建构真实性论者对真实性看法的共识，具体包括：首先，由于人们处于一个变化的社会中，文化也随着社会的变化而变化，因此，不可能存在绝对静止或者永不改变的真实性；其次，具有真实性的事物往往是原创物或者传统事物，它们也会根据社会的变化或者人们的需要而做出改变；最后，人们看待同一事物的真实性有不同的结论，这是因为每个人的偏好、视角不同，即使有权威人物对某一事物的真实性下了定论，也无法改变人们的不同体验和看法。对于游客而言，真实性体验是一种标签，它反映的是游客所在地对旅游目的地社会和文化的一种期待或者说是一种刻板印象。事物的真实性或者失真性并不是一成不变的，随着时间的流逝，它可能会变成失真的或者真实的。赵红梅和李庆雷（2012）总结了建构真实性论者的观点，并指出真实性是一种社会建构的过程，建构真实性是多角色参与的结果，具体的参与者包括游客、当地人、景点开发商、政府、专家等，这些参与者代表着各自不同的立场。因此，建构真实性有着可协商、易变化、可塑造、相对性、多元性等多种特点。

就真实性的构成而言，杨振之和胡海霞（2011）则认为真实性包括绝对性真实性（信念的真实性）、相对性真实性（认识的真实性）、事实性真实性（事实的真实性）三个内容，这三个内容共同作用形成了真实性的逻辑整体。这三种真实性分别反映了信念、哲学、文化三个层次的真实性，每个层次追求的真实性内容都不一样。其中，绝对性真实性是一种信念上的真实，认为世界上不仅存在真实，而且存在着绝对的真实，绝对性真实性的存在会让虚假的事物无地自容。绝对性真实性的支持者认为，如果否认绝对真实事物的存在，世界秩序将会乱套，历史将被重写，人们的价值观也会受到冲击。相对性真实性的存在是建立在绝对性真实性的基础上的，有绝对性的真实就有相对性的真实。例如，景区里虚假的景观也会让游客感觉到真实，这种真实虽然是虚构的，但是游客的真实性体验确实是真实的。实际生活中，人们对同一事物往往有着不同的看法，在真实性问题上也是如此。因此，由于立场不同、认识不同、角度不同等原因，相对性真实性普遍地存在于生活中。事实性真实性的存在则是建立在相对性真实性的基础上的。两位作者还指出，现有真实性的研究多数探讨的是相对性真实，相对性真实性的相对特性决定了人们无法就其真实性进行真假判断。

此外，现有研究还从商业领域等视角对真实性进行了阐述。部分学者将真实性划为产品的属性之一，认为真实性包括了原真实和仿造的真实。其中，原真实反映的是客体的原初性，它强调产品应该具有纯正性（徐伟等，2015）。Beverland 等（2008）从线索理论的视角对原真实进行了定义，认为那些完全、绝对与传统或者原产地一致的真实就是原真实。Gil-more 和 Pine（2007）则根据经济物类型对真实性进行了划分，其研究将真实性分为自然真实和原创真实。其中，自然真实是指非人造、没有被人改造、处于初始状态的初级产品，原创真实则是指新出现的、具有原创性设计的有形产品。Gilmore 等认为在商业化的环境中，自然真实比较难找到，消费者见到的真实性物品基本上都是社会建构下的产物，其真实性往往都是仿真的结果。

Grayson 和 Martinec（2004）借鉴了 Peirce 等（1994）的线索理论，将真实性划分为指示性真实性和象征性真实性。其中，指示性真实性中的指示指线索，即被认为与其他事物有联系的痕迹，这种联系既可以是有形的，也可以是精神上的。指示性使得真品能够区别于复制品，两件东西即使看起来一样，但是真正的那个东西会更受重视。在生活中，人们往往会使用"真实再现"或"真实再造"之类的短语来形容事物的真实性，这种真实性就是逼真度，也就是象征性真实性。Phillips（1997）认为没有一个纯粹客观的标准来确定事物是指示性还是象征性的真实。所有的产品都具有指示性和象征性的属性，但并不是所有产品都能被特定的消费者判断为真实的。对象征性和指示性的感知是分级的，而不是二元的，消费者可以认为产品或多或少具有象征性或指示性真实。

徐伟和王新新（2012）则通过对商业领域视角下真实性相关文献的归纳、梳理、总结，指出真实性的主要体现要素包括主体、客体、线索，研究者也从主客体关系、个体经验、线索和经济物体验的思路对真实性的概念进行了梳理和总结。具体内容如表 2-1 所示。

表 2-1　真实性概念的总结

视角	类型	真实性内涵	事例
主客体关系	客观真实	与原物完全对等，丝毫不掺假	原始森林
	建构真实	人们根据信仰、观念、权威等将事物建构为真实	小肥羊火锅
	后现代真实	其真实和虚假界限不明，虚假的真实变成了真实，这种真实还可以来源于虚构、想象	迪士尼乐园
	存在真实	这种真实与客体无关，而是主体体验赋予的真实	极限运动

续表

视角	类型	真实性内涵	事例
个体经验	纯真实	完全、绝对地忠于传统和原产地	土特产品
	近似真实	不需要对历史事实绝对忠诚，产品可以有一定的变化，但变化不能破坏产品本质	特仑苏
	心理真实	个体通过品牌或产品实现真实的自我	古驰
线索	指示性真实	与事实相关联的真实	原产地认证的钻石
	符号性真实	人感知到的事物真实与个体大脑中的知识或者期待相吻合，即为真实	模仿秀
经济物体验	自然真实	处于自然状态、没有人类触及、非人造的东西的真实	有机农产品
	原创真实	拥有原创性设计、之前从未出现过、非复制和模仿的东西	哈雷摩托
	独特真实	拥有独特优势、展示人文关怀、独立、认真的行为	诺德斯特姆公司
	参照真实	参照其他情境、从历史传统中得到启发、利用共同的东西与渴望、非派生的东西视为真实	茶艺表演
	影响真实	对其他实体有影响力、能唤起人追求更高目标的事物	硬石咖啡

资料来源：徐伟和王新新（2012）。

以上研究对真实性的定义和内涵展开了丰富且深入的探讨，较多学者对绝对真实和相对真实进行了思辨，多数研究认为绝对的真实是少见且没有意义的。在社交媒体时代，人们通过各种平台分享对真实性的看法，形成了多元的观点和立场。由于个体之间的立场、知识储备、经验等各不相同，人们对真实的感受也各不相同，因此，真实性应该是社会建构下的真实。学者们的这些观点为本书对品牌正宗性的探讨提供了大量的理论基础。在后续的研究中，我们可以在已有研究对真实性的定义、分类、内涵界定等的基础上，对品牌正宗性的概念、内涵以及维度划分等进行扩展。真实性的研究为加深研究者对正宗性的理解提供了理论基础，然而，从真实性的定义来看，正宗性和它有着很大的不同，真实性是学者们对英文"Authenticity"的翻译，它包括了纯真、真诚、可靠等含义；而在中文语境中，正宗性不仅仅意味着地道、真实、可靠，往往还带有正统、合法的含义，而且正统的含义所占比重更多。已有的研究往往把正宗性也翻译为"Authenticity"，这是不准确的，翻译的不准确不利于后续研究的顺利进行。基于本书对正宗性的理解，研究将正宗性翻译成"Orthodoxy"。

第三节　品牌正宗性的定义与维度

上一节对正宗性的概念进行了梳理和总结，文献研究对正宗性的概念及内涵进行了深入的分析。为加深对正宗性的理解，上一节还对正统性、真实性等相似概念的定义、内涵等进行了梳理。已有文献为本书对品牌正宗性的探讨提供了理论借鉴，本节在对正宗性理解的基础上，对品牌正宗性的内涵进行界定。主要内容包括对品牌正宗性定义的梳理，对品牌正宗性结构维度的总结。

一、品牌正宗性的定义

本书主要探讨的是品牌正宗性的结构维度及其作用机制，为顺利实现这一研究目标，应该首先界定清楚品牌正宗性的含义。已有研究对品牌正宗性概念的界定较少，为更好地理解品牌正宗性这一概念，本部分对品牌真实性这一相似概念进行文献分析。

在品牌正宗性的概念定义方面，Rose 和 Wood（2005）认为品牌正宗性通常是指消费者对品牌纯真性的感知及评价。蒋廉雄和朱辉煌（2012）结合 Beverland（2006）对品牌真实性的定义，指出品牌正宗性是消费者感知到的品牌产品在产地、原料、工艺、技术等与最开始时产品的状况相比的稳定状况。黎小林等（2015）从区域品牌的角度探讨了品牌正宗性的概念，指出正宗的区域品牌是某个区域内最具区域典型性的品牌，区域品牌的正宗性指品牌合法地继承某区域品牌，并体现该区域品牌制造工艺、成分、文化价值、当地传统的特性。黎小林等还对品牌正宗性和品牌真实性的区别进行了分析，指出两个概念有两个重要的区别：首先，品牌正宗性指区域品牌内某品牌的典型性特征，品牌真实性则是指某品牌随着时间的不断流逝，其品牌特性与最开始的品牌特性或者标准差别情况。也就是说，区域品牌正宗性探讨的是区域内哪个品牌更能代表本区域的品牌，即企业品牌与所属区域品牌特性的匹配程度，区域品牌正宗性往往存在品牌之间的横向比较，品牌真实性则只需要对其自身进行判断。其次，区域品牌正宗性的定义说明，其更注重品牌的合法性和继承性，如家族传承、历史连贯等，而品牌真实性则对这方面的内容没有特别要求。

由于现有研究对品牌正宗性的探讨较少，学者们对品牌正宗性的定义也不多。为帮助研究者明确品牌正宗性的定义，下面对品牌真实性的定义进行梳理。需要注意的是，当前文献中，国内的不少学者直接将品牌正宗性理解为品牌真实性的英文翻译"Brand Authenticity"，这导致现有研究将品牌正宗性和品牌真实性的概念混为一谈。事实上，品牌正宗性和品牌真实性有着较大的差异。

真实性、本真性等主题的研究在营销领域越来越热门，真实性、本真性也逐渐成为消费者判断品牌传统性、历史性以及地道性的一个标志（Holt，2002；Brown et al.，2003；Beverland，2005；Akbar & Wymer，2017；Nunes et al.，2021）。在品牌真实性的概念定义方面，Napoli 等（2014）将品牌真实性定义为消费者对品牌纯正性的评价，纯正性是品牌在传承、怀旧、工艺等方面的特性。品牌的真实性意味着品牌不仅要维持其核心理念的内部连贯性，还要确保品牌的品质、外观以及设计风格的外部一致性（朱晓琴和罗曼婷，2022）。Dwivedi 和 McDonald（2018）对品牌的真实性进行了定义，认为它是一个具有明确的理念、代表性，能够兑现承诺并对自己忠诚的品牌。徐伟等（2015）在对老字号品牌的真实性研究中指出，真实性是指消费者对老字号品牌所有者展示老字号品牌初始状态程度的感知。同时，徐伟等（2017）还指出品牌真实性是品牌在可信赖、诚实真挚、独特新颖、具有象征意义等方面具备的特性。此外，徐伟等还根据 Napoli 等（2014）对真实性的定义，将老字号品牌的真实性定义为消费者对老字号纯正性的感知和评价，其中纯正性是指老字号品牌的形象与品牌的工艺、质量承诺、传承、设计、怀旧、文化象征等特性相符合的特性。

徐伟等（2016）通过总结已有研究，认为学者们主要从品牌要素和品牌关系的视角对品牌真实性展开了探讨。其中，在品牌要素视角方面，学者们认为具有真实性的品牌往往在传统工艺、原材料的使用、惯例等品牌要素方面保持着品牌初始时的设计模样，即使面对着不断变化的市场环境，拥有真实性的品牌仍然忠于传统（Bervrand，2005；Peterson，2005；Navdeep & Lloyd，2018）。Spiggle 等（2012）也从品牌要素的角度对品牌延伸中的真实性进行了探讨，指出品牌在延伸过程中，关键是要保持品牌的本质不变，企业应该在品牌的感官设计方面使用统一的符号和形式；在产品的生产、包装等方面应该体现品牌的传统；同时还将具有真实性的品牌延伸定义为对母品牌的合法且一致的延伸。此外，Brown 等（2003）、Penaloza（2000）、Postrel（2004）均认为具有真实性的品牌包含了传统文化、特殊风俗、地域特色、独特信念等品牌要素信息，这些信息增加了品牌在独特性和怀旧性方面的真实性。Napoli 等（2014）则认为真诚是品牌真实的重要因素之一，品牌能够通过真诚的品牌行为、文化、理念等与消费者进行深入的沟通进而获得消费者的认可。

另外，还有学者从品牌关系的视角对品牌真实性进行了探讨。Ilicic 等（2014）将品牌关系的真实性定义为消费者对其与品牌关系独特性的评价，独特的关系是指消费者与品牌的这种关系应该体现出品牌对消费者内心需求的关注，企业品牌应该真诚地与消费者沟通，帮助消费者认清真实的自我或实现真实的自我。Kernis 和 Goldman（2006）认为行为和关系导向是品牌实现关系真实的重要途径，行为的真实指品牌的行为应该和品牌的价值取向相一致，不歪曲和夸张地传达信息；关系导向则是指品牌应该与消费者建立起真诚、可信赖的亲密关系。同时 Ilicic 等还指出，消费者在购买过程中会关注品牌与其的关系是否真实，有没有真实地反映其价值取向，进而做出决策。

在品牌真实性塑造途径方面，姚鹏和王新新（2014）在对并购中的品牌真实性进行探讨的过程中，指出企业应该通过保持一致的品牌风格、重视品牌遗产、领悟到品牌的精髓等措施保证品牌的真实性。去商业化也是品牌获得真实性的一个重要方式，Thompson 等（2006）就指出，企业的商业化导向会降低消费者的品牌真实性感知。换言之，品牌可以通过回避企业的工业气息和商业动机，加强宣传品牌超越商业理念的故事的方式来提升其品牌真实性，如品牌传统传承、生产工艺等方面的品牌故事。但也有学者指出，商业导向比较明显的品牌同样会被消费者认为是真实的（Pace，2015）。如果企业为消费者营造了良好的消费文化氛围，如品牌社群，消费者并不会介意品牌的商业导向，反而会对品牌产生好感，进而增强消费者的真实性感知（Holt，2002）。

多数学者将"Brand Authenticity"译作真实性，但也有部分学者认为本真性更能准确代表"Brand Authenticity"的内涵。研究者们在艺术学和旅游学的基础上，从不同角度对营销学上的本真性进行了定义。Fombrun和 Shanley（1990）指出品牌的本真性是一个具有整体性的概念，注重的是企业营销与品牌精神的表达一致性，具体表现为企业的生产、营销、销售等环节能否符合企业品牌价值观的诉求。张楠等（2016）对品牌本真性的概念进行了总结并指出，当前学术界对本真性的探讨已从艺术学、旅游学深入到哲学、社会学、管理学等领域。这些学科对本真性有着不同的理解，但是研究者们基本认同本真性代表着事物最本真的状态这一观点。相关文献普遍认为，消费者对本真性产品的消费目的是希望通过对这类产品的消费找到幸福感、安全感以及实现自我价值（Rose et al.，2005）。同时，本真性的品牌或产品还应该帮助消费者通过产品或品牌的使用实现自我（Kleine et al.，1995；Zavestoski，2002）。

结合上述研究，我们发现，在品牌正宗性的定义方面，黎小林等（2015）从区域品牌的视角对品牌正宗性进行了定义，认为品牌正宗性指品牌合法地继承某区域品牌，并体现该区域品牌制造工艺、成分、文化价值、当地传统的特性。然而，以区域品牌为视角探究品牌正宗性的结构维度有一定的局限性，品牌正宗性虽然在区域品牌中的作用更为明显，但是品牌正宗性往往还存在于非区域品牌中，如食品品牌、尚未达到区域规模的品牌等。还有学者将品牌正宗性定义为消费者对品牌产品本真性的感知能否与起源时相比保持稳定的特性。定义中用本真性来解释正宗性，也有一定的不准确性。这是因为学者们普遍将品牌本真性定义为品牌可信赖、诚实真挚且具有象征意义的特性。这些特性中，可信赖的特性指品牌能够让消费者相信其所传达信息的特性，如原料地道、工艺的传承、清晰的理念、悠久的历史等（徐伟等，2015；Beverland，2006；Gundlach & Neville，2012；Schallehn et al.，2014），这些实际上是品牌对消费者的承诺（Napoli et al.，2014），会让消费者对品牌产生信任（Beverland，2006）。真诚性则是指品牌的行为与其作出的承诺是一致的特性，是通过起源、原创性和独特的外观来传达的，具体表现在品牌兑现承诺、完成使命以及非商业导向等（Eggers et al.，2013；Morhart et al.，2015；Portal et al.，2018）。象征性指的则是品牌能够帮助消费者找到真实自我的特性，如消费者通过品牌的购买能够进行炫耀、怀旧、显示身份地位以及履行社会责任等（Harris，1975；Beverland，2005；Napoli et al.，2014；Jian et al.，2019），这可以使消费者获得积极的情感（Leigh et al.，2006），进而帮助他们实现自我的真实（Morhart et al.，2015）。从学者们对品牌真实性、本真性的定义和理解可以看出，品牌真实性、本真性与品牌正宗性有一定的相似之处，但是本质上存在差别，且属于不同的概念。现有研究对品牌正宗性的定义也存在不准确的地方，因此有必要对品牌正宗性进行更加准确的定义，为后续研究的顺利进行奠定基础。

因此，本书结合企业品牌正宗性建设的现象，以已有研究为基础，对品牌正宗性进行定义。品牌正宗性是指品牌在原料使用、工艺继承、文化建设等方面具有优势且与同类品牌相比更具代表性的特性。

二、品牌正宗性的结构维度

对品牌正宗性结构维度的探讨是本书研究内容之一。为更好地探明品牌正宗性的结构维度，接下来对相关文献进行总结和梳理。已有文献对品牌正宗性结构维度的探讨较少，为此借鉴品牌真实性这一相似概念的结构维度进行文献分析，为研究提供理论借鉴。

在品牌正宗性的结构维度研究方面，黎小林等（2015）从区域品牌的视角探讨了品牌正宗性的测度，其研究结果认为区域品牌正宗性的构成维度包括品牌历史合法性、品牌历史传承性、品牌社会合法性和品牌价值观。其中，品牌历史合法性的测项包括品牌的制作方法保持传统、保持原产地文化元素、保持区域品牌本质，拥有悠久历史、可追溯的传承；品牌历史传承性的测项包括继承祖上工艺、拥有者传承、祖上一直生产；品牌社会合法性的测项包括产品和区域价值观一致、传承符合传统、文化符合当地价值观、拥有者得到认可；品牌价值观的测项则包括坚持正统的法则、坚守原有配方。蒋廉雄和朱辉煌（2016）根据品牌正宗性的定义设计了品牌正宗性的测项，包括该品牌的产品一直按照原始配方/工艺生产、制造工艺是历代祖传没有改变的、使用传统/地道的原材料生产、原有口味风格一直保持不变。

由于现有研究对品牌正宗性的探讨较少，学者们对品牌正宗性的结构维度研究也相对缺乏。为了帮助研究者更好地理解品牌正宗性的结构维度，接下来对品牌真实性的结构维度进行梳理，以此为明确品牌正宗性构成维度提供参考思路。已有研究对品牌真实性的构成维度展开了探究，邓永成（2011）以"小肥羊"为研究对象，从消费者的感知视角探讨了真实性的构成维度，包括原产地资源、文化氛围环境、产品的纯正、传统的工艺、独特的配方五个维度。杨海龙等（2018）将品牌感知真实性划分为正宗传承和价值象征两个维度。Beverland 等（2008）则通过对啤酒品牌的分析，将品牌真实性划分为纯真实、近似真实、道德真实三种。徐伟等（2015）则将老字号真实性的维度划分为原真实、建构真实和自我真实。其中，原真实的测项包括原料正宗、配方神秘、产地正宗、牌匾不变；建构真实的测项包括与历史相关、传统统一、悠久历史、权威认证、社会公益、商业色彩淡；自我真实的测项则包括压力释放、美好回忆、社交效果、面子、传播文化、保护传统等。Morhart 等（2015）和史伟（2021）也从三个维度对品牌真实性的内涵进行分析，将品牌真实性分为客观本真性、构建本真性和存在本真性三种。其中，客观本真性体现在品牌产品原料地道、品牌的起源具有权威性和传承性上；构建本真性体现在消费者对品牌的主观感受以及社会建构出来的品牌精神上，即品牌真实性取决于消费者个人的主观评价，而不是品牌自身的客观属性；存在本真性则体现在消费者个人或群体和品牌的目标一致性，是品牌自我与消费者个人自我相互作用的结果。周志民（2023）将品牌真实性分为品牌个性、品牌一致性和品牌连续性三个测量维度，其中品牌个性是指品牌所特有的一种行为模式；品牌一致性是指品牌行为的一致性；品牌的连续性意味着品牌有能力长时间维持其核心品牌价值。Shirdastian 等（2017）在社交媒体环境中对消费者对品牌的情感进行了深入分析，并将品牌的真实性细分为质量承诺、遗产、独特性和象征主义四个方面。

聚焦产品视角，Lewis 和 Birdger（2011）认为风土产品的本真性来源于其产地的特殊性，这种特殊性无法被竞争者模仿，进而让消费者感觉到真实。风土产品的真实性包含了自然环境、人工制造以及地方文化三方面的内容（Barham，2003）。其中，自然环境指产品的自然地理特征，包括独特且优越的自然环境；人工制造指风土产品应该代表劳动者投入的精力和心血，表现为产品的生产工艺、加工方式；地方文化指风土产品能够代表地方特有的文化，如风土产品产地的风俗、生活习惯、语言等，它们都会赋予产品真实性（Pratt，2007）。张楠和彭泗清（2016）总结了学者们的研究，指出产品本真性的评价标准包括产品的客观属性以及产品的主观感知。其中，产品的客观属性包括产品对传统的继承、产品形象和产品制作的统一、产品的质量承诺、产品与原产地的联系、传统生产工艺的使用、地道原材料的使用等；产品主观感知的本真性则包括了消费者对产品独特性、稀缺性、原创性、美学性等的感受，以及消费者的购买体验和真诚性感知。同时，张楠等还指出，品牌本真性和产品本真性相比，品牌的象征性意义更强烈，其研究还对品牌本真性的维度进行了总结，具体内容如表 2-2 所示。

表 2-2　品牌本真性维度总结

研究主题	品牌本真性维度	文献来源
品牌延伸本真性	保持风格崇尚传统 品牌本质 避免滥用	Spiggle 和 Nguyen（2012）
品牌本真性	品牌一致性（品牌产品、宣传等价值观一致） 消费者导向（反应消费者的精神需求和自我表达） 品牌统一性（企业内部员工行为与品牌精神一致）	Eggers 等（2013） Athwal 和 Harris（2018）
品牌本真性	品牌个性 品牌一致性 品牌连续性	Schallehn 等（2014） Shirdastian 等（2017）
品牌本真性感知	质量承诺 品牌历史 品牌真诚	Napoli 等（2014）
品牌本真性感知	连续性（强调品牌历史） 信赖感 正直性（品牌精神、社会责任、关爱） 象征性（品牌与消费者自我认同的关联）	Morhart 等（2015）
风土产品本真性	产品本真性（产品传统性） 制度本真性（规范和法律保护） 内化本真性（原产地联想）	Spielman 等（2013）

资料来源：张楠和彭泗清（2016）。

从表 2-2 可以看出，品牌本真性更注重品牌的一致性和象征性等。作者根据这些文献总结了品牌本真性的维度构成：一是品牌个性，指品牌的行为表现比较独特，能够体现出其品牌身份；二是品牌的正直性，主要体现在品牌的精神层面，指品牌道德方面的纯粹性及其社会责任感，要求品牌降低其对经济利益的追求，注重从道德层面为社会创造价值；三是品牌的连续性，指品牌在品牌风格和历史积淀方面的持续发展，如品牌从创立至今仍然采用相同的配方、工艺，产品的口味、包装等未曾改变，这一特性体现了品牌的稳定性；四是品牌的一致性，指品牌精神和品牌行为的一致性，如品牌在产品生产、渠道建设、品牌宣传方面都体现出相同的品牌精神，品牌的员工言行与品牌精神相一致；五是品牌的象征性，指品牌能够与消费者联系在一起的特性，体现在品牌能够帮助消费者发现自我、表达自我，如消费者通过奢侈品的购买彰显身份、体现地位。

徐伟等（2017）则通过对老字号真实性的探讨，总结了品牌真实性的构成维度。一是可信性，主要是指品牌能够让消费者信任其宣传的特性，如原料、工艺、理念、历史等，这些线索显示了品牌的质量承诺，消费者凭借这些线索能够对其产生信任感；二是真挚性，也就是品牌的行为与品牌宣传的理念或作出的承诺一致，如品牌信守诺言、完成使命等；三是象征性，指品牌可以帮助消费者找到和实现自我，如消费者通过购买品牌产品可以实现炫耀、怀旧、标榜自我、履行社会责任等，进而感觉到幸福、快乐等，消费者的这些感受会帮助消费者找到自我的真实；四是独创性，指品牌是特别且新颖的，能够帮助它区别于其他品牌，如品牌的原产地效应、使用了传统工艺、是行业收入者、坚持一贯风格等。同时，徐伟等还指出品牌的真实性不是其内部固有的特性，而是消费者对品牌信息和活动的感受和评价。

通过以上文献分析可以发现，学术界对品牌正宗性结构维度的研究较少。部分学者从区域品牌的视角对品牌正宗性维度进行了探究，为本书提供了理论启发。然而，如本章前文所述，以区域品牌为视角探究品牌正宗性的结构维度有一定的局限性，品牌正宗性往往还存在于非区域品牌，如食品品牌、尚未达到区域规模的品牌等。部分学者根据品牌正宗性的定义对品牌正宗性的测项进行了设计，为本书提供了理论借鉴。然而，学者们对品牌正宗性的定义有一定的不准确性，而且对品牌正宗性测项的设计主观性较强。同时，文献研究发现，学者们还对品牌真实性、风土产品真实性等理论展开了较为丰富的研究。其中，对品牌真实性的结构维度探讨较多。同时，品牌正宗性的定义分析中已经阐明，品牌真实性、风土产品品牌等概念虽然与品牌正宗性有相似之处，但它们本质上是有较大区别的。

品牌正宗性结构维度研究的缺乏不利于品牌化理论的完善和发展，也难以帮助企业真正理解品牌正宗性的内涵，进而影响企业品牌正宗性建设工作的顺利进行。因此，十分有必要对品牌正宗性的结构维度进行探究。

第四节　品牌正宗性感知的影响机制

本章在前面几节已经对品牌正宗性的定义、结构维度等相关文献进行了分析和总结。为帮助企业加深对品牌正宗性的理解，更好地指导企业的实践，本节探讨消费者品牌正宗性感知的影响机制，及通过文献的分析探明品牌正宗性感知的影响机制。本节的研究内容包括对品牌正宗性感知影响因素和影响结果的文献进行总结。

一、品牌正宗性感知的影响因素

通过文献梳理发现，已有研究对品牌正宗性的探讨还较少，对品牌正宗性感知形成的影响因素研究也还处于探索阶段，且可借鉴的研究结论较少。然而，品牌正宗性与品牌真实性的概念有一定的相似之处，已有研究对品牌真实性的影响因素展开了探讨。基于此，本节借鉴品牌真实性的影响因素研究，结合品牌正宗性的实际情况，挖掘出品牌正宗性感知可能的影响因素。

在品牌真实性的影响因素方面，Littrell 等（1993）、Beverland（2006）对品牌真实性的影响因素进行了探讨，研究总结了品牌和产品真实性的主要影响因素，包括血缘、原料、生产工艺、产地的特性、动机、质量承诺等，消费者对这类因素的感知则会行形成品牌的真实性。Brown 等（2003）、Beverland 等（2008）认为品牌或者产品的具体属性会影响消费者的品牌真实性判断，强调企业应该重点突出产品或品牌悠久的历史，应该将品牌与它的成立时间、发源地及其工艺技术等关联在一起，创造出一种怀旧的感觉。Newman 和 Dhar（2014）以感染理论为视角探讨了品牌真实性形成的影响因素，指出消费者的品牌真实性感知会受质量预期和感知迹象的影响。Alexander（2009）则从信息不对称的视角探讨了消费者品牌真实性感知的形成，研究结果显示消费者对品牌真实性的感知受生产方法所体现的品牌质量承诺，或是品牌传承和品牌延续所体现的产品质量的影响。Fritz 等（2017）的研究证实了这一结论。

同时，部分学者根据线索理论探讨了品牌真实性的形成。Morhart 等（2015）以线索理论为视角探讨了品牌真实性的形成影响因素，其研究结果证明线索理论中的索引线索、存在线索以及标志线索会对品牌真实性的形成产生影响。其中，索引线索指行为线索，包括企业丑闻、与企业品牌相一致的员工行为；存在线索则包括品牌传播过程中注重根源以及美德的传播。另外，消费者在进行真实性的判断时，还会利用标志性的线索，标志性的线索具备反映示意图和个人内心图像匹配度的性质，它能够反映一个真实物体看起来应该是什么样的（Grayson & Martinec，2004）。在品牌语境中，标志性线索则是指企业的营销和促销线索，包括能够创造品牌本质印象的品牌广告、品牌设计等（Brown et al.，2003；Leigh et al.，2006）。企业则可以通过这些沟通方式传递品牌的动机、手段和目的，以增加消费者的真实性感知。Grayson & Martinec（2004）认为消费者会通过指示性的线索来判断品牌的真实性，如品牌的行为、产品的外在属性等。

还有研究指出，消费者在品牌信息缺乏的情况下，会将企业的行为作为品牌信息来源（Morhart et al.，2015）。Guèvremont（2018）的研究表明就算是一个更真实的品牌也会受到品牌丑闻的伤害。企业的丑闻（如财务、质量、生态等）则是行为信息的一种，会给消费者留下企业不负责任的印象（Gilmore & Pine，2007）。Morhart 等（2015）的研究证明，如果品牌陷入了丑闻，消费者就会认为它不遵守道德原则，把自身利益放在其他利益相关者的利益之前，这会降低消费者对品牌真实性的感知。此外，企业突出品牌的动机、手段和目的能增加真实感，企业的这类行为主要是为了突出品牌的道德观（社会责任），目的是提升消费者的道德真实感。这些行为也表明了品牌超越盈利能力和经济利益的承诺（Beverland et al.，2008）。徐伟等（2015）指出企业关注公益、淡化商业色彩等行为能有效地提升消费者的品牌真实性感知。

通过文献梳理发现，已有研究对品牌正宗性感知影响因素的探讨观点比较零散。现有研究对品牌真实性影响因素的探讨为本书研究提供了理论基础，但正如前文所述，品牌真实性和品牌正宗性有一定的区别。因此，后续研究中有必要对品牌正宗性感知的影响因素进行探讨。后续研究可以在品牌真实性影响因素的相关成果基础上，结合品牌正宗性的实际情况对其感知的影响因素展开探究。

二、品牌正宗性感知的影响结果

已有研究对品牌正宗性的研究较少，对品牌正宗性感知影响结果的研究也还处于探索阶段。学者们对品牌正宗性给企业带来的作用基本达成了共识，认为拥有了正宗性品牌的企业，其品牌在优异性和独特性方面有一定的优势，能够提高消费者对品牌功能的评价，进而获得消费者的品牌忠诚（蒋廉雄和朱辉煌，2012）。在具体的影响结果方面，相关研究对品牌正宗性感知可能带来的结果缺乏探讨，相关研究多聚焦在品牌真实性影响结果的方面。已有研究对品牌真实性影响结果的探讨认为，品牌真实与否直接关系到消费者的态度和行为，品牌真实性会带来积极的影响（Rose et al.，2005；Hyunjoo et al.，2019）。

在品牌真实性对消费者认知态度的影响方面，现有文献主要对品牌真实性与消费者的品牌信任之间的关系进行了探究。学者们指出品牌信任是指消费者与品牌的一种长期关系（Morgan & Hunt，1994），也是消费者与品牌互动过程中产生的一种安全感，它受消费者感知到的品牌利益承诺和兑现的影响（Chaudhuri & Holbrook，2001），可以让消费者与公司建立情感纽带，使消费者对品牌忠诚（Qayyum et al.，2023）。品牌在质量承诺、诚实守信、工艺传承、原料可靠等方面的真实性能够表明该品牌是可信赖的（Bruhn et al.，2012；Coary，2013；Napoli et al.，2014；Morhart et al.，2015）。品牌真实性将唤起消费者对品牌的信任（Moulard et al.，2016；Lude & Prugl，2018），进而触发相应的品牌选择行为（Assiouras et al.，2015）。在某种程度上，品牌真实性能使消费者感知到透明度、美德和亲和力（Guevremont & Grohmann，2018）。

在品牌真实性对消费者反应的影响方面，现有研究多将消费者的采购意向当作品牌真实性的结果变量。学者们的研究也都证明，消费者通过品牌真实性的感知能够对品牌形成信任进而产生购买意愿。薛海波（2012）、Coary（2013）的研究指出，品牌在产品、信念、行为等方面的真实性能够提升消费者对品牌的信任，最终形成品牌购买意愿。Hyunjoo 等（2019）指出对品牌真实性的感知会积极影响消费者对该品牌的行为意向。Ilicic 和 Webster（2014）指出，在消费者的品牌承诺不高的情况下，品牌与消费关系的真实性能够提高他们的购买意愿。Napoli 等（2014）的研究结果也证明，消费者品牌真实性感知的提升能够有效地提高消费者的购买意愿。姚鹏和王新新（2014）则对企业间的并购对消费者购买意愿的影响进行了探讨，其研究结论证明企业的并购行为会影响消费者对品牌的真实性感知，进而影响消费者对品牌的购买意向。王新新等（2020）还探讨了企业并购之后品牌真实性以及并购方品牌记忆如何影响消费者的态度与行为，结果发现消费者会倾向于具有较高品牌真实性的品牌，继而对品牌产生信任感，维持品牌忠诚，并购方在品牌记忆中起到正向调节作用，品牌真实性差的品牌则易引起消费者反感，发生品牌转换。徐伟等（2015）对老字号真实性与消费者购买意愿的关系进行了探讨，研究结果表明，品牌不同类型的真实性对消费者的购买意向会产生不同的影响，较高的真实性将给消费者带来更高的购买意愿。

结合以上研究可知，品牌正宗性会提升品牌的优异性和独特性，进而提高消费者对品牌功能的评价，最终获得消费者的品牌忠诚。但在品牌正宗性感知具体的影响结果方面，学界尚缺乏探讨。对品牌真实性影响结果研究的梳理显示，品牌真实性会对消费者品牌信任、购买意愿等产生积极影响。然而，品牌正宗性与品牌真实性相似但本质不同，其对消费者态度、反应的影响结果如何，尚需借鉴品牌真实性的相关观点做深入的探讨。在后续研究中，我们也将基于品牌真实性的影响结果，结合品牌正宗性的实际情况，更加准确地对消费者感知到的品牌正宗性的影响结果进行分析。

第三章

研究模型构建与研究设计

本章在第二章文献阅读和梳理的基础上，对研究的整体思路、模型构建、研究方法、研究设计以及数据的收集等进行介绍。首先，对研究模型进行介绍，通过文献研究、案例调研、深度访谈等方法构建出研究模型。其次，对研究设计进行探讨。主要对研究将要使用的研究方法、方法选择的原因以及具体步骤等进行阐述。最后，数据收集部分着重介绍研究将要用到的数据收集方法、样本对象的选择、问卷的发放以及收回数据的整理和分析等。

第一节　模型构建

上一章已经对本书研究涉及的相关理论进行了文献回顾，研究发现在社交媒体时代品牌正宗性能够有效地提升企业的效益，但是已有研究对品牌正宗性内涵维度及其影响机制的探究甚少，因此有必要对品牌正宗性的结构维度进行探究，并且在此基础上进一步探明品牌正宗性感知的影响因素及其影响结果。基于这样的研究思路，本书将研究分为两个部分。子研究一是对品牌正宗性结构维度的探索，即识别出企业品牌的正宗性体现在哪些方面。该研究主要采用质性研究的方法，通过对相关企业、专家以及消费者的访谈探明品牌正宗性的内涵。子研究二则是在子研究一的基础上，从消费者感知的视角进一步探讨消费者品牌正宗性感知的影响因素及其影响结果。该研究采用的是文献研究和定量分析的方法，通过文献研究构建出概念模型，接着通过量表设计、问卷发放以及数据分析等步骤对模型进行检验和完善，最终得到研究结果。

一、品牌正宗性的内涵维度

作为品牌化战略实施的一个重要策略，品牌正宗性的打造能够有效地帮助企业创造出具有竞争力的品牌。企业赋予其品牌正宗性最明显的益处是能够帮助企业打造出优异且独特的品牌（Beverland，2006），具体体现在以下几个方面：首先，品牌还没有在消费者心中形成正宗印象之前，靠的是高品质的产品来打动消费者。彼时，只有高品质的产品才能真正留住消费者，之后消费者才会认准该品牌，企业品牌经过与竞争对手的比较以及消费者的筛选，最终才会形成正宗与否的概念。所以，通过品牌正宗性的打造能够帮助企业塑造优质的品牌产品。其次，当企业在消费者心中形成了产品优质的形象之后，企业要想继续维持其良好形象，就可以通过在社交媒体平台分享其品牌故事、文化理念，展示产品的制作工艺等来强化其正宗的品牌形象。这种正宗的品牌形象则会给消费者留下独特的印象，进而使品牌与其竞争者区分开来。所以，通过品牌正宗性的打造还能够帮助企业塑造独特的品牌形象。在社交媒体时代，品牌正宗性可以通过与消费者建立真实而有深度的连接来加强。

虽然多数企业都已意识到品牌正宗性给企业带来的效益，但是在实践过程中仍然存在不少问题。例如，不少企业对品牌正宗性的理解不够透彻，以为品牌正宗性的建设就是产品性能、口味方面的加强。虽然拥有正宗品牌的产品确实应该在产品性能或者口味方面具有一定的优势，但是品牌正宗性不应该仅仅局限于此。更有甚者，品牌正宗性建设仅仅局限于给品牌贴上"正宗"的标签。这些企业对品牌正宗性的理解不到位反过来会影响其品牌正宗性建设的效果，往往也会导致企业花费了大量精力在社交媒体平台上宣传品牌正宗性，但是消费者并不认可其品牌的正宗性、企业效益上不去的情况发生。在社交媒体时代，这些问题的存在很大程度上阻碍了企业品牌正宗性的建设，不利于企业品牌化的顺利进行。因此，很有必要对品牌正宗性的内涵及其作用机制等进行深入的研究，为企业的实践提供可行的理论借鉴。

在此背景下，本书首先对品牌正宗性的相关理论研究进行了梳理和分析，发现学界对品牌正宗性的研究还较少、深度也不够，已有研究多围绕着品牌真实性、本真性等类似概念展开研究。然而品牌正宗性和它们并不是一个概念，是有区别的。因此，在已有研究的基础上，以较为成功且具有代表性的正宗品牌企业、该领域相关专家以及消费者为对象，通过扎根访谈的研究方法，深入探讨品牌正宗性的结构维度。本书子研究将会帮助企业加深对品牌正宗性的了解，为企业的品牌化建设提供理论指导。

二、品牌正宗性感知的影响因素及其影响结果

深入了解品牌正宗性的内涵维度是企业进行品牌正宗性建设的第一步，只有对品牌正宗性有了深刻的了解，才能开展下一步的研究。子研究一探明了品牌正宗性的内涵维度，在此基础上，品牌正宗性的形成受哪些因素的影响以及它会给企业带来哪些影响则是亟待解决的一大问题。因此，子研究二则从消费者感知的视角探讨了品牌正宗性的影响因素及其影响结果。只有清楚了品牌正宗性受哪些因素的影响，企业才能有目的、有选择地努力，才能快速、有效地赋予品牌正宗性。在清楚了解品牌正宗性感知影响因素的同时，还应该进一步揭示正宗的品牌到底能够给企业带来哪些好处，品牌正宗性感知的影响结果有哪些。通过子研究二的探讨，本书能够更进一步地完善品牌正宗性理论，为企业在社交媒体时代进行品牌正宗性建设提供更准确的实践指导。

在实践中，部分企业不仅不清楚品牌正宗性的真正内涵，对如何建设品牌正宗性也知之甚少。企业往往存在知道品牌正宗性的重要性，却不知如何下手的情况。多数企业在品牌正宗性建设的过程中仅仅停留在广告宣

传语中标榜自己"正宗"、宣传自己口味的"正宗"、花费大量费用在社交媒体平台上推广却不对企业内部进行文化建设等。这些不科学的品牌正宗性建设策略不仅使得企业花费了大量人力物力，其收效也甚微。实际上，这些问题出现的原因就在于，企业对品牌正宗性感知的影响因素及其影响结果不了解。因此，企业的当务之急就是要明晰品牌正宗性的影响因素和影响结果有哪些。只有清楚了这一问题，企业才能够在社交媒体时代有的放矢、科学地做出品牌战略。基于此，本章还将对消费者品牌正宗性感知的影响因素及其影响结果展开研究。

在相关研究方面，学术界对品牌正宗性的内涵尚未形成定论，学者们对品牌正宗性感知影响因素的研究也还处于探索阶段，对品牌正宗性感知的影响结果研究较少。但是学者们对品牌正宗性给企业带来的作用基本达成了共识，认为拥有了正宗性品牌的企业，其品牌在优异性和独特性方面有一定的优势，能够提高消费者对品牌功能的评价，进而获得消费者的品牌忠诚（蒋廉雄等，2012；杨晨，2017；Beverland，2006）。人们对那些在广告中使用真实的而不是完美的、理想化的形象的正宗品牌有更强的购买意愿，因为他们感知到这些形象与真实的形象相似。因此，品牌正宗性感知的影响结果应该是消费者感受的提升，如消费者对正宗性品牌的口碑应该会更好。在品牌正宗性感知的影响因素方面，已有研究涉及较少，但是关于品牌真实性的文献能够给予本书一定的启发。Morhart 等（2015）对于线索理论提出了品牌真实性形成的影响因素，包括索引线索、存在线索以及标志线索。其中索引线索也就是行为线索，包括企业丑闻、与企业品牌相一致的员工行为；标志线索则包括品牌传播过程中注重根源以及美德的传播。基于此，企业的信息失真度、信息相关度、社会责任感以及情境匹配度会对消费者感知到的品牌正宗性产生影响，进而影响消费者对品牌的口碑以及情感依恋。

为验证以上研究逻辑，本书将在文献研究的基础上，设计出测量量表，并通过问卷调查、定量分析的方法对研究模型中各影响因素与品牌正宗性感知的关系，以及品牌正宗性感知与影响结果因素等做进一步的检验和纠正，最终形成研究结论。研究在完善品牌正宗性理论的同时，将为企业的品牌化战略实践提供理论基础。

三、理论模型框架

根据前一章的文献研究以及上面的理论推导，本书提出了理论模型的框架（见图3-1），框架显示了消费者品牌正宗性感知和影响因素及其影响结果之间的作用关系。模型图中，要做的第一步是品牌正宗性结构维度的探索。由于关于品牌正宗性的研究较少，其内涵维度仍然尚无定论，考虑到研究的特殊性，打算采用扎根理论的研究方法对品牌正宗性的内涵维度展开探讨。品牌正宗性的内涵维度尚待研究，因此，图中用阴影的形式表示其构成维度。在消费者品牌正宗性感知的影响因素方面，根据已有文献，企业传播过程中信息相关性、信息失真度、社会责任感以及情境匹配度的表现情况会对消费者感知到的品牌正宗性产生影响。其中信息相关性指企业向消费者传播的信息与正宗性的相关程度，信息失真度指企业违背正宗性要求的行为的多少或者行为的恶劣程度，社会责任感指企业在品牌建设过程中履行技艺传承、传统文化推广、文化复兴等社会责任的表现状况，情境匹配度指企业品牌与消费者正宗消费心理的联结程度。企业这四个因素表现好会有效地提升消费者对品牌的正宗性感知，进而提高消费者对品牌的依恋程度并且帮助企业获得消费者的积极口碑。

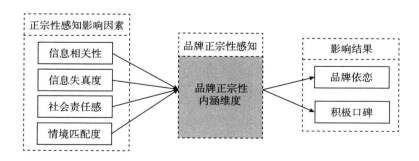

图3-1　本书的理论模型框架

注：阴影方框指品牌正宗性的内涵维度有待进一步探明。

根据图 3-1 的理论模型框架，为探明品牌正宗性的结构维度及其影响机制，计划分两个部分展开探讨。第一部分是对品牌正宗性结构维度的探索，采用扎根理论的研究方法，通过对成功企业、领域专家、消费者等的访谈，探明品牌正宗性的构成因子及其下属结构。第二部分则是在第一部分研究的基础上，以消费者感知为视角，验证消费者感知到品牌正宗性的影响因素，包括信息相关性、信息失真度、社会责任感以及情境匹配度。同时对消费者感知到的品牌正宗性的影响结果进行验证，包括其对品牌依恋、积极口碑的影响。这两部分的研究内容也将在本书后面的章节中展开，对模型中各变量之间关系的假设、量表的开发以及假设的检验等进行详细的论述。

第二节　研究设计

科学、规范的研究设计才能保证研究的顺利进行，才能获得科学的研究结论。Robson（1993）指出，研究设计是研究的重要内容之一，它实际上是研究问题与研究涉及的理论之间关系的外化形式，能够为研究的顺利进行提供指导。由于本书是探索性的研究，因此选择多种研究方法展开研究，即定性和定量相结合的研究方法，也被称为混合研究方法。本节将对研究设计以及研究的实施流程进行详细的介绍。具体包括研究设计的依据、研究方法的介绍及其使用、量表设计的依据及设计过程、样本的选择、问卷的发放以及数据的回收、数据分析方法等研究内容。

一、研究流程设计

在研究概念模型框架提出来之后，有必要对研究展开设计，而研究设计的第一步则是对研究的流程进行规划和设计。为得出更科学的研究结论，应该根据前面得出的概念模型框架进行详细、科学的研究流程设计。在研究流程设计方面，借鉴已有文献的研究逻辑，对品牌正宗性的结构维度及其影响机制研究进行研究流程设计。由于研究内容分为品牌正宗性结构维度的探索、消费者品牌正宗性感知的影响因素及其影响结果两部分，研究流程设计也将分别针对这两部分内容进行展开。

第一部分是对品牌正宗性结构维度的探索，针对此内容，应对其进行研究流程的设计。由于已有文献对品牌正宗性的结构维度探讨较少，该研究具有一定的探索特性，因此将利用质性研究方法对其展开探讨。首先，以已有文献为基础，通过相关理论概念的回顾奠定理论基础。其次，在文献研究的基础上，运用扎根理论的研究方法对品牌正宗性的构成维度进行深入的探索性研究。扎根理论的研究方法要求选择具有代表性的案例对象进行深度访谈。因此根据研究需要，选择在品牌正宗性建设方面具有一定代表性的企业为访谈对象，通过多次且深入的访谈获得研究需要的信息。同时，为了使访谈获得的信息更加全面，还将对品牌研究领域的专家以及消费者进行深入访谈，以使理论达到饱和。再次，在获取了访谈信息之后，通过编码的方法对数据进行总结和归纳，得出品牌正宗性构成维度的完整模型。最后，根据扎根访谈得出的品牌正宗性构成维度结果，为企业提供管理启示，为品牌正宗性的建设提供科学且可行的实践指导，帮助企业更快地在社交媒体时代塑造强品牌。

第二部分则是关于消费者品牌正宗性感知影响因素及其影响结果的研究。这一部分的研究是以第一部分的研究为基础的，只有在探明了品牌正宗性的结构维度之后，才能对其影响因素和影响结果做进一步的探讨。为确保第二部分研究的顺利进行，应对其进行研究流程设计。在研究视角方面，由于品牌是否正宗不是企业说了算，而是基于消费者的真实感知，因此以消费者感知为视角。为探究消费者品牌正宗性感知的影响因素及其影响结果，在文献研究的基础上，通过对相关理论的梳理和分析，构建出消费者品牌正宗性感知影响因素及其影响结果的理论模型并提出研究假设。研究模型构建部分已经初步得出消费者品牌正宗性感知的影响因素和影响结果，它们分别是信息相关性、信息失真度、社会责任感、情境匹配度和品牌依恋、积极口碑。接着，借鉴已有文献以及第一部分的研究成果设计出测量量表，并且通过网络、实地调研、邮件等进行问卷的发放与回收。然后，对收回的数据进行定量分析，包括数据的信度效度分析、相关分析等，进而对研究假设进行验证。最后，根据数据分析结果，对研究结论进行总结，并且对研究结论的理论和现实意义做进一步的阐述。

二、定性定量相结合的研究设计

研究范式的选择是研究设计的重要组成部分，而选择什么样的研究范式则取决于研究的需要。本书将根据品牌正宗性研究的实际情况，根据前人的研究经验，选择科学且恰当的研究范式进行研究设计。本部分的内容主要包括选择定性定量相结合的研究范式的依据、定性定量相结合的研究范式的介绍以及定性定量相结合的研究范式的具体使用。

（一）研究范式的选择

通过文献研究可以发现，学术界多数将研究的范式分类为定量研究范式和定性研究范式。其中，定量研究主要是对不同变量之间关系的测量和探究，定性研究则主要是对现象、特征、形成机制、内在关系等的描述。Creswell（1994）则从本体论、认识论以及方法论三个视角对定性和定量研究进行了比较和划分（见表3-1）。从表3-1可以看出，定性和定量研究有着很大差异。其中，定量研究法是一种以具体的理论为基础，通过演绎的方法探究事物构成部分之间的关系，进而构建出研究假设，继而运用数据分析的方法对研究假设进行检验，最终得出研究结论并对现象进行解释和应用的一种方法。定性研究法则是一种对现象进行归纳和演绎，进而得出新的研究发现并创造新的理论的一种方法。

表3-1　定性研究与定量研究的比较

视角	目标	定性研究	定量研究
本体论	探讨现象的本质	现象是主观的，研究者的判断起决定作用	现象是客观的，不受研究者的影响

视角	目标	定性研究	定量研究
认识论	探讨研究者和现象的关系	研究者与现象互动，研究者是参与者	研究者与现象分离，客观地看待现象
方法论	知识创造逻辑	归纳现象，以实现在特定情境中理论的发展	重视演绎过程的讨论，理论的检验不受情境限制

资料来源：Creswell（1995）。

正如 Creswell（1994）所指出的，定性研究和定量研究两种范式在本体论、认识论和方法论这三方面都存在着较大的差异，因此长久以来学者们围绕着它们的异同展开了持久的讨论。但是实际上这两种研究范式不应该对立起来，如虽然定量研究主要是逻辑的演绎，但是这并不说明定量的研究中就不可以运用归纳的方式来发现和创造新的理论。Hansson（1993）等为了实现理论的创新，通过对新领域的探索，提出了技术导向型和理论导向型两种研究思路。其中，技术导向型的研究思路主要是以归纳的逻辑对相关现象进行讲述，这种思路侧重对研究现象状态和特性的描述，目的在于找到研究对象的本质规律以及与其他领域相比，该研究对象的独特之处。理论导向型的研究思路实际上是受演绎逻辑的推动，这种思路主要通过对理论的演绎以及假设的检验得出新的理论，过程中更看重对研究现象的深入认识，进而通过研究发现对事物的发展趋势进行预测。需要注意的是，任何研究范式都有它的优缺点，不可能适用于所有情境的研究，到底应该选择怎样的研究范式，关键取决于所要研究的现象和主题以及研究过程中将用到的研究视角和理论基础。例如，如果研究的主题相关文献研究不够深入，则应该采用探索式的研究范式，研究者可以利用文献研究、扎根访谈、案例分析等定性研究方法的范式展开探讨。

（二）定性定量相结合研究方法的介绍

由于实际中研究问题较为复杂，涉及因素较多，为了科学地探究现象的本质以及变量间的关系，有学者创造性地提出了既包含定量研究又包括定性研究的研究方法，即定性定量相结合的研究方法。当遇到较为复杂的研究现象和主题时，为了更好地揭示现象的本质，越来越多的学者选择这种既包含定量研究又包括定性研究的研究方法开展研究（Creswell & Clark，2007；Creswell & Creswell，2017）。Bergman（2008）也认为，当前社会有着多样化、层次复杂化等特征，当遇到了较为特殊的现象时，学者们可以将定性和定量两种研究范式结合起来。也就是说，学术研究中可以根据研究需要，运用多种研究范式对研究现象进行解释并构建出理论。目前，定性定量相结合的研究方法已经在心理学、教育学等学科得到了较为广泛的应用，但是其运用主要体现在三角测量方面。Bryman（2008）对使用定性定量相结合研究方法的文献进行了分析，发现这一方法应用的目的是强化和完善三角测量的效果，强化指定性定量相结合的研究方法能够拓宽数据收集的范围；完善则是指定性定量相结合的研究方法能够多角度地对研究结论进行检验，进一步印证研究结果。但是，由于定性研究范式和定量研究范式在本体论、认识论和方法论三方面仍然存在着一定的差异，部分学者仍然对这两种研究范式的结合存在质疑。例如，Bryman（2001）就指出，从认识论和本体论的角度出发，研究方法一般比学者们认为的更具流动性。定量研究可以通过解释主义或建构方式发现解释现象的理论和规律，定性研究也可以通过对实践经验的分析发现事物的内在联系及其机制。

　　但是定性定量相结合的研究方法在使用中也较为复杂，研究设计中很容易将定性和定量的研究范式相混淆。为此，Ulin 和 Waszak 等（1996）通过案例研究的实践，把定性定量相结合的研究方法分为四个类型（见图 3-2）。Bergman（2008）则指出定性定量相结合的研究方法是不同数据收集和分析方法的混合，操作过程中不应该模糊定性和定量方法的边界。并在此基础上进一步提出了定性定量相结合的研究方法的使用原则，首先是应该对数据的收集和分析方法进行区分，其次是应该根据研究的对象、具体问题、依托的理论以及目的等情况对数据进行分析。同时，还指出在研究中，数据的收集方式与是在处理建构还是客观的现实、是探索性分析还是假设的检验没有很大的联系。但是，Mason（2002）则认为，定性和定量研究范式在数据收集方式上是有区别的，定性研究中数据的构成部分很难都达到高度的一致，而且定性研究中的数据反应的是较为复杂的现象过程及其作用机制，它并不是一个静止的变量。总之，以上学者关于定性定量相结合的研究方法的观点能够帮助本书加深对研究设计的理解，提供实践和经验上的借鉴意义和理论指导，在后面的研究设计中，将根据学者们的观点进行科学的研究设计，最终帮助研究得出科学的结论。

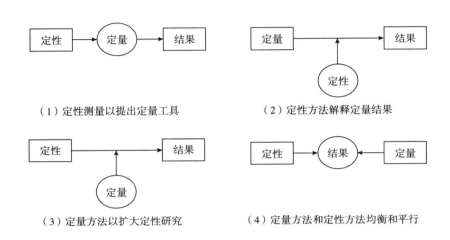

（1）定性测量以提出定量工具　　　　（2）定性方法解释定量结果

（3）定量方法以扩大定性研究　　　　（4）定量方法和定性方法均衡和平行

图3-2　定性与定量相结合研究的四种情境

资料来源：Ulin 和 Waszak（1996）。

（三）定性定量相结合研究方法的使用

本书主要是对品牌正宗性结构维度的探索，即识别出企业品牌的正宗性体现在哪些方面，以及从消费者感知的视角对品牌正宗性感知的影响因素及其影响结果的探讨。根据研究主题和特征，采用 Ulin 和 Waszak（1996）提出的定性定量相结合研究方法四种情境中的第一种，即通过定性的测量来提出定量工具。在具体研究中，首先运用定性的研究方法对品牌正宗性的构成维度进行探索，然后在此基础上对相关理论进行梳理，进而构建出相关变量关系的研究假设，并利用定量研究的方法对其进行验证。定性定量相结合的研究方法能够帮助本书得到更全面、更科学的研究结论。

　　本书的研究问题由两部分组成，第一个问题是品牌正宗性的构成维度有哪些。文献研究已经对所涉及的相关理论进行了回顾，发现虽然已对不少与品牌正宗性相类似的研究展开了探讨，但是真正关于品牌正宗性内涵的研究还较少。这就导致本书研究具有一定的探索性质，而定性研究的方法则是一种较好的探索性研究法，它能够帮助研究者很好地理解现象的特征、过程、演变以及内部的关系（Locke et al.，2007），因此在品牌正宗性构成维度的部分将采用定性的研究方法对其展开探讨，为消费者品牌正宗性感知的影响因素及其影响结果研究奠定基础。

　　第二个问题是消费者对品牌正宗性的感知受哪些因素的影响并且会带来什么样的影响结果。在利用定性研究法对品牌正宗性的构成维度进行了探明之后，运用定量的研究方法对品牌正宗性这一概念与其他变量之间的关系做进一步的探讨。具体操作中，首先围绕着品牌正宗性的相关文献进行回顾和分析，在此基础上找出可能会对品牌正宗性感知产生影响的变量及其结果变量，进而构建出研究模型与假设。其次，设计出测量量表，运用问卷调查法收集研究所需的数据，并运用相关统计软件对所提出的研究模型与假设进行检验和修正，最终得出研究结论。然而，部分学者认为定量研究中用到的问卷调查法也存在一定的问题，如问卷题项的设置、回答者的主观性、回答者能否如实回答等。为了减少这类问题的出现，本书将科学且规范地进行问卷的设计，在测项的选定方面尽量引用已有研究中成熟的测量问项、在调查对象方面选择真正符合研究要求的样本为调查对象。接下来，将针对量表的设计和样本的选择以及问卷的发放等进行更为详细的介绍。

三、量表问项设计

　　在管理学的研究中，量表设计及问卷发放多数用的是问卷调查的方法。在定量研究中，量表的设计是重要组成部分，也是实证分析顺利进行的保证。科学的量表设计和问卷发放能够帮助研究获得高质量且准确的数据，进而保证实证分析数据的可靠性和结论的科学性。因此，为了保证研究实证分析部分的科学性，按照相关文献的要求对量表的设计进行科学的设计。

量表的开发主要是以研究模型中涉及的概念为对象，根据概念的定义、属性、特征等开发一系列问项，这些问项应该最大限度地反映或描述概念的内容。量表设计的过程主要可以分为编制、检测以及问项确定三个阶段。Churchill（1979）将量表的开发分为三步，首先是在文献分析的基础上提炼出能够反映研究涉及的概念的操作性定义和问项；其次是寻找同一领域内的专家学者、相关行业内的企业家等围绕着问项进行讨论，并对问项进行修改和完善；最后是通过前测（也称预调研）的方式对量表的问项做进一步的优化，进而确定问卷的最终内容。

根据 Churchill（1979）提出的上述量表设计流程，本书将量表设计流程分为以下几个步骤：第一步是文献的研读，提出概念性模型。在文献研究过程中，将会重点对品牌正宗性、品牌真实性、品牌依恋、积极口碑等概念进行文献研读，进而在此基础上确定具体的研究问题，并针对研究问题构建出概念模型。第二步是在文献研究的基础上初步得出量表的问项。本书概念模型量表的问项来源方面，品牌正宗性感知的影响因素（即企业的信息失真程度、信息相关程度、社会责任感以及情境匹配程度）及其影响结果（即品牌依恋、积极口碑）这些变量问项来源于已有文献的成熟量表，不过有所改动，品牌正宗性感知的问项则是来自子研究一的研究结果。第三步则是量表完善阶段。为了使研究量表更加科学和全面，通过征求学术界以及企业界的专家意见的方式对量表进行完善。需要完善的内容包括问项的准确性和全面性，问项语句是否通顺、是否明确等。最后是问卷的前测。为了使测量量表更加科学、合理，通过预调查的方式对问项的语言表述、顺序等进行修改，最终形成正式的调查问卷。预调查主要是以来自全国各地的被试为对象进行问卷的发放，研究预调研共发放了 100 份问卷，有效问卷 76 份。

第三节　数据收集与分析

在进行了研究的模型构建、研究设计之后，应该对数据的收集和分析进行详细的介绍和设计。首先对问卷的发放、样本的描述性统计分析、数据的回收与分析等进行有针对性地介绍，为后续研究的顺利进行打好基础，以提高研究结论的科学性。

一、数据收集

由于研究的特殊性，为更好地对研究模型和研究假设进行检验，主要采用问卷调查的方式收集研究数据。在样本的选取方面，由于探究的是品牌正宗性感知的影响因素和影响结果，所以问卷调查对象应该是在品牌正宗性的消费或者认识方面有一定经验的消费者，以确保数据能够真实反映顾客对品牌正宗性的感受。

接下来对抽样方式的选择进行设计。不同的抽样方式对样本的选择要求不同，抽样方式主要分为随机抽样和非随机抽样。其中，随机抽样比较常用，这种方式主要是在研究中以相同的概率对样本进行抽取；非随机抽样则可以分为便利抽样和判断抽样，便利抽样主要以调研方便操作为前提进行样本的抽取，判断抽样则是研究者根据自己的知识积累并结合调研目的进行样本的选择。研究一主要是对品牌正宗性的结构维度进行探索性分析，由于该部分研究的特殊性，采用判断抽样的方法进行样本企业的选择。样本的选择主要应该满足以下条件：首先，该企业品牌应该是一个消费者公认较为正宗的品牌；其次，该企业在品牌正宗性建设方面有较为丰富的经验和心得；最后，该企业在同类品牌竞争中处于优势地位。研究二主要是对消费者品牌正宗性感知的影响因素和影响结果进行探究，该研究样本对象应该是在品牌正宗性的消费或者认知方面有一定经验的消费者，因此该部分研究样本的选择可以采用随机抽样的方式。

在问卷的发放和回收方面，研究根据自身情况进行工作的开展，问卷的发放主要包括四类方式。其一，利用研究团队成员的资源，向同学、亲戚朋友、校友以及企业人员发送问卷网络链接或者纸质问卷；其二，在街头、图书馆、会场等场合，向陌生消费者发放纸质问卷或者问卷网络链接的方式进行问卷调查；其三，利用 QQ 群、微信群等网络资源，通过发放报酬（红包）对群内人员进行问卷调查的方式；其四，利用问卷星这一第三方在线问卷发放与数据收集平台发放问卷、收集数据。通过这四类方式，共收回了有效问卷 426 份。

二、调研样本描述性统计

根据收回的有效问卷，对调研样本进行描述性统计分析，样本的描述性统计分析结果见第五章表 5-11。从其描述性统计情况可以看出，问卷调查样本的选择在性别、年龄、学历等方面基本符合数理统计要求，样本也具有一定的代表性，能够获得科学的研究结果。

三、数据质量分析

在收回了有效问卷后，应该将问卷数据录入到 SPSS 统计软件中，接着对这些数据的质量进行检验。在数据质量高低的检验中，信度和效度是两个重要的考察指标。在两个子研究中，会再具体介绍数据信度效度的分析及操作，本部分主要对一般定量研究中普遍能用到的数据评价方法进行介绍。

（一）信度分析

在管理学的研究中，为了检验数据的信度，多数研究都采用数据内部一致性检验的方法，即检验测量问项的同质性水平。目前，信度分析的方法主要有库李信度、折半信度以及 Cronbach's α 评价几种。其中，Cronbach's α 评价法使用最为广泛。本书也将采用 Cronbach's α 值的评价方法对量表的信度进行检验。Cronbach's α 系数的数学计算公式如下：

$$\alpha = \frac{k}{k-1}\left[1 - \frac{\sum \sigma_i^2}{\sum \sigma_i^2 + 2\left(\sum \sigma_{ij}\right)}\right] \qquad (3-1)$$

其中，$\sum \sigma_i^2$ 指测项的变异量，$\sum \sigma_{ij}$ 指测项 i 和 j 的共同变异量，k 指问项的数量。这个公式表明，如果问卷中的测项完全不相关，问项的共同变异量则是零，Cronbach's α 系数值等于零；但是，如果测项的相关性越大，问项间的共同变异量将变大，Cronbach's α 系数值会随之变大。Hinkin（1998）指出，社会学研究中 Cronbach's α 值应该大于 0.70。本书以该标准值为要求，对问卷的信度进行检验。

（二）效度分析

效度指问卷调查获取的数据反映其所测量构念的准确程度，效度越高，说明问卷越能够反映研究想测量的概念。现有研究中，效度的测量指标主要有表面效度、内容效度、概念效度三种。其中，表面效度指测项实现测量目的的程度，即从表面来看问项与检验目的是否一致。表面效度属于效度分析中较浅层次的效度，因为它更多的是研究者的一种主观判断。内容效度指问卷测项的内容与要测量概念的匹配程度，研究中，内容效度检验通过了之后才能进行概念效度的检验。为保证问卷的内容效度，借鉴 Haynes 等（1995）的观点，在量表的开发过程中，通过借鉴已有成熟量表、请教专家、走访企业等方式不断完善量表。概念效度则是指研究概念与测量工具的匹配程度（Schwab，1980），它包括收敛效度和判别效度两个内容。其中，收敛效度指不同测项测量同一概念的可能性大小，判别效度指不同潜变量差异的大小。现有的管理学研究中，为判断测项反映研究概念的程度，多数学者都通过对概念效度的检验来验证问卷信度。

在研究中，概念效度会受到三种情形的影响，包括概念的概念化过程偏差、概念测项没有很好地反映测量概念、问卷信度较低（陈晓萍等，2008）。因此，为提高概念效度，在测项设计过程中应做到准确界定研究概念、借鉴已有研究成果，在问卷调查中做到严格按照科学的步骤进行数据收集等。同时，在问卷的开发中要以已有研究为基础，确保问卷的问项能够代表并测量其所对应的概念。本书还将采用验证性因子分析法对测项的收敛效度进行分析，即通过检验概念间的相关系数来验证测项与概念关系的吻合度。

此外，已有研究还证明，问卷数据还会受到共同方法偏差和非回应误差的影响（Podsakoff & Organ，1986）。共同方法偏差的产生主要受问卷本身存在的问题、问项语言表达存在的问题、问卷作答环境一致、问卷回答者一致等因素影响。要想减少共同方法偏差的干扰，研究者可以采用程序和统计控制两种方式。在程序控制方面，Podsakoff 等（2003）认为，研究者可以通过在问卷中设置多个问项来测量概念的方式来减少共同方法偏差的干扰。此外，研究者还可以选择用匿名调查的方法来避免共同方法偏差。在统计控制方面，周浩和龙立荣（2004）认为采用 Harman 单因素检验法对数据进行处理能够检验出共同方法偏差。单因素检验过程中，如果检验结果没能析出一个单独的因子，也没有能够有效解释 50% 以上变异量的单个因子，就说明问卷收集到的数据并不会对研究结论的有效性产生影响（Livingstone et al.，1997）。最后为了防止非回应误差的干扰，采用前后对比的方法进行规避。具体做法是按照时间顺序，将回收的问卷分为早期和后期两组，然后对这两组数据的均值、标准差等进行比较，如果它们之间的差异并不明显，就说明数据的非回应误差并不显著。

四、数据分析方法

在数据的分析方法方面，根据实际的需要运用不同的数据分析方法进行统计分析（见表3-2）。从表中可以看出，研究使用到的数据分析工具主要是 SPSS 21.0 和 AMOS 21.0 两种数据分析软件。这些分析软件将用于变量间关系的检验、研究假设的验证以及模型的完善等。在研究过程中，将根据研究的具体问题和变量的具体情况选取合适的分析软件进行数据的分析。

表 3-2 数据分析方法的选择与应用

研究内容	分析方法	分析工具	具体分布
访谈样本特征分析	百分比、频数	SPSS 21.0	第三章
自变量、因变量、中介变量的描述性统计分析	均值、标准差等	SPSS 21.0	第五章
研究数据的信效度检验	信度（EFA）、验证性因子（CFA）、相关分析（CA）	SPSS 21.0 AMOS 21.0	第五章
消费者品牌正宗性感知的影响因素及其影响结果的研究	结构方程模型（SEM）多元线性回归（MLR）	AMOS 21.0	第五章

第四章

品牌正宗性的结构维度：基于扎根理论的探索性研究

本书通过对品牌正宗性相关文献的梳理，发现已有研究围绕着品牌正宗性的探讨甚少，品牌正宗性的结构维度也尚无定论。基于此，对品牌正宗性的结构维度进行深入的探讨。由于文献的缺乏以及品牌正宗性形成的复杂性，本章将采用定性研究中的扎根理论分析法对品牌正宗性的内涵展开分析。本章的内容主要包括研究问题的界定、研究方法及过程的设计、数据的分析、模型解释与研究发现以及研究结论与启示5个部分。

第一节 研究问题

品牌化策略已经成为企业获取竞争优势的重要途径。为了打造出强有力的品牌，企业纷纷实施差异化的营销战略。部分企业通过充分利用社交媒体平台（如抖音、微博等），以品牌自身资源为基础，通过赋予品牌正宗特性的方式提升品牌竞争优势。例如，东阿阿胶充分利用企业的品牌资源，在品牌建设中通过重点突出其原料、工艺、历史文化等方面的优势的方式在社交媒体上成功塑造了其正宗形象，这一措施也使东阿阿胶成为了正宗阿胶的代名词，赢得了大量消费者的青睐。已有研究认为，拥有了正宗性品牌的企业，其品牌在优异性和独特性方面有一定的优势，能够提高消费者对品牌功能的评价，他们愿意为品牌支付更高的价格，并传播积极的话语，进而获得消费者的品牌忠诚度和积极口碑（蒋廉雄和朱辉煌，2012；杨晨，2017；Beverland，2006；Safeer et al.，2023；Riefler，2020）。因此，越来越多的企业加入到品牌正宗性的建设队伍中。然而，在实践中，企业的品牌正宗性建设存在不少问题，不少企业在实践中仅仅停留在社交媒体上的广告宣传语中标榜自己"正宗"的阶段，更有不少企业花费大量费用在广告推广上却不对企业内部进行品牌建设，导致企业花费了大量人力物力在品牌正宗性的建设工作上，但是收效甚微。这些问题的存在主要是由于企业对品牌正宗性内涵的了解不深入。那么在社交媒体时代企业到底应该如何赋予品牌正宗性？品牌正宗性的结构维度有哪些，品牌的正宗性体现在哪些方面呢？本书围绕着这些问题展开深入的探讨。

在相关研究方面，文献分析发现学术界对品牌正宗性的探讨还较少，对品牌正宗性的内涵研究尚无定论。但是已有文献对品牌真实性、正统性、风土产品品牌等理论展开了较为丰富的研究。其中，对品牌真实性的探讨较多，学者们对品牌真实性的内涵（Eggers et al.，2013；Schallehn et al.，2014；Guevremont & Grohmann，2018）、影响因素（Alexander，2009；Newman & Dhar，2014；Fouladi et al.，2021）以及影响结果（Rose & Wood，2005；Newman & Dhar，2014；Manthiou et al.，2018）等进行了研究；学者们对正统性的研究则主要是以政治学、历史学、宗教学为视角，探讨事物正统性的内涵（杨彬，2011）、影响因素（徐卫东，2001）；对风土产品品牌的研究则主要表现为对品牌风土特性来源（Barham，2003）、性质和价值（Stephen et al.，2017）、形成机理（张静红，2016）、构成维度（Charters et al.，2017；Spielmann & Charters，2023）等的探讨。这些文献为本书研究的顺利进行提供了理论基础。然而，品牌真实性、正统性、风土产品品牌等这些概念虽然与品牌正宗性有相似之处，但还是有较大区别的。品牌正宗性内涵研究的缺乏不利于品牌化理论的完善和发展，也难以促进企业品牌正宗性建设工作的顺利进行。

考虑到品牌正宗性内涵研究的探索性，在研究方法上，将运用质性研究的方法对品牌正宗性的结构维度展开探讨。实际操作中，选择扎根理论研究这一定性研究的方法。研究过程中，首先筛选出在品牌正宗性建设方面取得较好效果的企业；其次对这些企业的中高层管理人员、专家学者以及消费者等进行深度访谈；再次对获取的资料进行整理，运用扎根理论研究中编码的方式对数据进行分析；最后得出研究结论。扎根理论的研究方法能够深入地揭示品牌正宗性的内涵，科学解释品牌的正宗性体现在哪些方面，完善品牌化的理论，并且为企业的品牌正宗性建设提供实践指导，帮助企业尽快实现品牌的正宗化。

第二节　研究设计

第二章文献综述中已经对与品牌正宗性相关的研究进行了回顾和整理，为更加科学地探索出品牌正宗性的结构维度，本节将对研究进行设计。研究设计主要围绕着品牌正宗性结构维度探究的研究方法选择、研究对象选择以及数据收集方法展开。其中，研究方法选择部分介绍了本书将会用到的研究方法以及方法选择的原因、方法的具体使用等；研究对象选择部分则解释了研究样本的选择、选择根据、样本的介绍以及具体操作等；数据收集方法部分则介绍了在数据收集方面用到的方法，包括数据的来源、数据收集方式等。

一、研究方法选择

由于已有文献对品牌正宗性的研究较少，学者们对品牌正宗性的结构维度尚未形成定论，再加上品牌正宗性的形成过程较复杂、影响因素较多，适合探索性的研究方法，因此，采用定性研究中扎根理论研究范式对品牌正宗性的内涵维度进行探究。扎根理论（Grounded Theory）属于质性研究法，它常用于阐述个体对事物的真实看法，研究者可以利用它系统地对社会现象进行归纳、演绎、总结，最终建构出新的科学理论，完成从具体到抽象，由现象到概念的整个研究流程（王璐和高鹏，2010；赵卫宏等，2015；于兆吉和张嘉桐，2017）。

扎根理论研究法是由哥伦比亚大学的 Glaser 和 Strauss 两位学者于 1968 年共同提出的一种研究方法，是一种运用系统化的程序对某一现象归纳式总结出理论的定性研究方法，这种方法倡导通过经验型的资料来构建理论。在实际操作中，研究者并不设计研究假设，而是通过直接观察的方法获取资料，并根据资料总结出新的理论。扎根理论从下往上建立理论，研究者通过对原始资料的分析，找出能够反映事物本质的关键概念，并对概念间的关系做进一步的探讨最终发现新的理论。扎根理论的使用需要有经验证据的支持，然而经验性并不是它的主要特点，其主要特点是它从经验中提炼出了新的理论。从哲学的角度来看，扎根理论方法主要是对已经构建的理论进行证伪，属于后实证主义的范式（陈向明，1999）。

（一）扎根理论的基本思路

1. 资料中提升理论

扎根理论强调从资料中提升理论，认为通过对所收集到的资料进行深入分析，就能提炼出理论框架。从资料中提升理论的过程主要是对资料从下往上地进行浓缩，也是一个归纳的过程。扎根理论与其他研究方法不同，它主要是从收集资料入手并对其进行归纳分析，事先并没有设定假设。最终产生的理论必须要有原始资料可供查询，也必须要有事实或经验作为依据。因为扎根理论认为，从资料中产生的理论才具有生命力。如果得到的理论与收集的资料相吻合，那么理论就有实践意义，可以用来指导人们的日常行为。

扎根理论要求研究者建立一个介于微观操作性假设和宏大理论之间的实质理论或者构建一个具有普适性的形式理论，这也是扎根理论的首要任务。但是形式理论的建立要以实质理论为基础，只有通过收集的资料建立了实质理论后，形式理论才能在实质理论的基础上建立起来。因为扎根理论认为，知识的形成是一个从事实不断演进为实质理论进而向形式理论演进的过程。形式理论的构建需要收集大量的资料，还需要实质理论作为中介。直接通过收集的资料构建形式理论的跳跃性太大，缺乏严谨性。而且，形式理论的构成形式不一定是单一的，它可以包含许多不同的实质性理论，将不同的概念整合为一个整体。与单一的形式理论相比，密集型的形式理论内蕴更加丰富，能够为更为广泛的现象提供解释。

2. 对理论保持高度敏感

扎根理论的主要目的是构建理论，因此它要求研究者在研究过程中对理论保持高度的敏感。研究者不管是在设计阶段还是在资料的分析阶段，都要对前人的理论、资料中的理论以及现有的理论保持高度的敏感，要善于发现构建新理论的线索。对理论保持高度敏感可以在资料的收集时帮助我们确定方向，在资料的分析过程中，如果资料内容比较松散，还能帮助我们找出更能准确地表达资料内容的概念。一般情况下，研究者更擅长对研究现象进行描述性分析，对理论的构建则相对生疏。扎根理论认为与描述性分析相比，其理论更具解释力，研究者应该对理论保持高度的敏感。

3. 不断比较

不断进行比较是扎根理论的主要分析思路，研究者在研究过程中要在不同的理论以及不同的资料之间进行对比，然后根据资料与理论的关系提炼出相关的类属和属性。比较一般分为四个步骤：首先，根据不同的概念对资料进行比较。在实际操作中，对收集到的资料进行编码同时将资料归到尽可能多的概念类属下，然后在不同的概念类属中对编码过的资料进行对比，为每一个概念类属找到属性。其次，对相关的概念类属及其属性进行整合，通过比较找出这些概念属性的不同之处，思考这些概念属性之间的关系并通过某种方式将这些关系联系起来。再次，初步形成理论框架并确定该理论的内涵以及外延，利用原始资料对初步形成的理论进行验证并对现有理论进行优化，使其更加精细。最后，描述相关理论，同时还应对所收集的资料、概念类属、类属的特征及其关系进行详细的介绍。

4. 理论抽样

研究者在进行资料分析的操作时，可以将资料初步总结出理论，并将这些理论作为后续抽样的模范。这些初步形成的理论可以用于指导接下来的收集资料、编码、归档等工作。研究过程中出现的所有理论都对研究起导向作用，能够限定研究者的走向。因此，对资料的分析不仅要进行语言编码，还要进行理论的编码。实际操作中，研究者可根据资料提出假设，并通过对资料和假设的不断比较得出理论，并根据理论对资料进行编码。

5. 恰当地使用文献

资料的分析过程中使用相关的文献能够使我们的视野更加开阔，为研究提供新的理论框架和概念，但是在研究过程中不能过多地使用已有的理论。过多地使用已有的理论会束缚我们的思路，无法摆脱别人的理论，难以形成新的理论框架。在理论的构建过程中，研究者应该灵活地使用已有的理论，同时还应融入研究者的个人解释。在研究过程中，由于结合了自己积累的经验知识，研究者能够很好地理解资料所包含的内涵，最终形成的理论也是研究者的解释与资料持续比较的结果。已有的研究成果、初始资料以及研究者的解释这三者之间是互动关系，研究者在使用文献时应该正确地使用收集到的资料，同时融入个人的判断。此外，也应该深入了解文献中不同的观点，与原始资料以及文献进行良好的互动。

6. 对理论进行评价

扎根理论会对初步形成的理论进行评价，其评价标准主要有以下四个方面：首先，研究中的概念必须是通过原始资料得到的，形成了理论以后能够从原始资料中找到与之相对应的证据。其次，扎根理论比较重视概念的密集程度，理论中的概念密度应该较大。研究形成的理论中会有很多复杂的概念，这些概念处于密集的理论环境中，应该得到较充分的发展。再次，理论中概念与概念之间要有系统性的联系。理论中概念之间应该紧密相连，构成一个具有密切关联性的整体，概念与概念相互联系才能形成理论。最后，通过概念之间的联系形成的理论必须具有较强的实用价值，理论的适用范围要比较广阔，其解释能力也应该较强。

（二）扎根理论的操作步骤

扎根理论的实际操作包括五个步骤：首先，对原始资料进行登记、录入，根据这些资料总结出概念；其次，对资料和概念进行重复比对，并对通过比对发现的理论进行辨别；再次，总结出理论概念，构建起概念间的关系；复次，对资料进行理论抽样并进行编码；最后，构建理论，研究理论概念最好具有密度高、变异度高、整合性强的特点。扎根理论研究过程中，对资料进行逐级编码是最重要的环节，这一环节包括以下三个级别的编码。

1. 开放式编码

开放式编码又称一级编码。在进行一级编码的过程中，研究者要摒弃个人的偏见，按照资料原本所呈现的形态进行编码。这个过程将收集到的资料打散，赋予其概念，再通过新的方式对资料进行重组。编码的主要目的是从收集的资料中找出概念类属，赋予这些概念名称，并明确这些类属的定义和维度，进而对研究现象进行命名和类属化。开放式编码开始时范围较广，随着范围的不断缩小，码号会逐渐饱和。在根据资料进行编码的过程中，研究者应该围绕着资料中的内容，询问与概念相关的具体问题。在提问的过程中研究者要牢记研究目的，并为事先没有预想到的目标留有余地。

在研究过程中，为了进行深入的分析，研究者在进行开放式编码的同时还应不时停下来写分析备忘录。这种方式能够帮助研究者更好地进行资料分析，也能使研究者对研究中出现的理论性问题进行思考，进而逐步深化已经构建的初步理论。这一轮编码的主要目的是对资料进行开放式的探究，这个研究阶段的解释都是初步的。研究者在这一阶段应该关心手头的文本如何使研究不断深入，而不是文本中有哪些概念。

在进行开放式编码的过程中，要注意以下原则：在对资料进行编码的过程中，研究者要谨慎，不能漏掉任何重要的信息，直至饱和，若发现了新的码号，研究者要在下一轮的研究中继续收集原始资料；留意资料提供者所使用的词语，尤其是能够用作码号的原话；对码号进行初步的命名，命名可以使用研究者自己的语言，也可以是当事人的原话，不用考虑命名是否合适；在对资料进行分析时，研究者应该根据有关的词语、句子、意义和事件等询问具体的问题，如这些资料能够提供什么信息、这一情况发生的原因是什么等；研究者应该对与资料有关的概念维度进行快速的分析，因为这些维度可能会唤起进行比较的案例，如果没有案例产生，应该继续寻找；把登录范式中的相关条目罗列出来。

2. 主轴编码

主轴编码又称二级编码或轴心编码，其主要目的是找出及构建概念间的具体关系，进而描述资料内容之间的关系和联系。这些联系可能是相似关系、因果关系、差异关系、先后关系等。在主轴编码的操作中，研究者每次仅可以对一个类属进行讨论，并发现这个类属的内外关系，所以也叫轴心编码。随着研究进展的不断深入，类属间的关系逐渐变得清晰。在概念类属关系的探讨过程中，研究者在探讨概念间关系的同时，还应该解释这样做的目标和目的。研究过程中，研究者应该结合现象的发生背景，选择恰当的语言进行描述。

研究者要从建立起来的每一组概念类属中分辨出主要类属以及次要类属。在不同的类属被辨别出来以后，研究者可以运用比较的方法将这些类属之间的关系连接起来。研究者在所有主从类属关系建立了之后，可以通过新的方式对原始资料进行重组。研究者还需要判定这些分析方式是否具有现实意义，可以在探讨了各种概念类属的关系以后，构建出一个描述事物互动行为的初级理论框架。当事人的实践理性是这一理论框架的基础，如何分析和处理现实问题则是这种理论框架分析的重点。

3. 选择性编码

选择性编码又称为三级编码或核心式登录。选择性编码是指通过系统的分析，从已探明的概念类属中找出一个核心类属，集中地对与核心类属有关的码号进行分析。核心类属需要被证明能够将多数的研究结果包含在一个较宽泛的范围内，同时还需要通过与其他类属的比较证明其具有统领性。核心类属起着关键的作用，它可以把其他类属整合到一起并形成一个整体。总的来说，核心类属具有以下特点：在所有类属中，核心类属应该处于中心位置，它与最大数量的类属之间存在联系，最有可能成为资料的核心；核心类属出现在资料中的频率很高，表现核心类属的指标最为频繁地出现在资料中，它能够反复地、稳定地出现在资料中；核心类属能够与其他类属很快地发生联系，这些联系的发生是主动的，联系的建立也较快，同时它们之间联系的内容也较丰富；实质性理论中的核心类属更容易发展为具有概括性的理论，不过在发展为理论之前，研究者需要仔细地对相关资料进行审查，同时要尽可能多地对实质理论进行检测；核心类属被分析出来了，理论也就形成了；核心类属的下属类属可能会比较丰富和复杂。

选择性编码的具体操作是：首先，确定资料的故事链；其次，详细描述主类属和次类属的属性和维度；再次，对所构建的假设进行验证，对需要完善和扩展的概念类属进行修正；复次，找出核心概念类属；最后，围绕着核心类属构建出它与别的类属的关系的系统。如果在分析开始时找到了多个核心类属，研究者可以通过不断地比较，将有关系的类属连接起来，关联不紧密的类属去除掉。

（三）本书扎根理论研究范式的使用

本章运用扎根理论的研究范式对品牌正宗性的结构维度进行探索性研究。扎根理论的研究方法不仅可以帮助本书解释清楚品牌的正宗性体现在哪些方面，还能进一步探明每个方面的组成部分。在扎根理论研究范式的使用中，首先应该选择合适的样本作为访谈对象，并通过科学的访谈步骤对这些样本进行深度访谈，进而获得数据；其次是对获取的数据进行分析，通过编码的方式找出品牌正宗性的结构维度；最后是根据数据分析结果，对研究发现进行解释，并论述研究结果的实践意义。

二、研究对象选择

在扎根理论研究中，访谈对象的选择对于科学的研究结论而言至关重要，合适的访谈样本才能帮助研究获得全面且有启发的结论。因此，本书将根据样本的合适性、典型性、可接近性等因素进行样本的选择。其中，在样本的合适性方面，根据品牌正宗性内涵研究的需要，根据以下要求进行选择：首先，样本应该是对品牌正宗性的建设有一定心得的企业中高层管理人员、对品牌建设有一定研究的学者、有一定正宗品牌消费经验的消费者；其次，为了提高访谈资料的丰富性和实践意义，样本以企业人员为主，样本人员所在企业应该是历史较为悠久、在品牌正宗性建设方面取得了一定的成绩、正宗性被很多人认可的企业。在样本的典型性方面，研究选取的样本企业最好是公认的较为正宗的品牌企业，相关专家最好是一直在关注品牌研究且有相关代表作的学者，消费者也最好对正宗品牌有很深入的了解且消费频率较高。在样本的可接近性方面，主要根据研究者及其所在团队的资源进行样本的选取，包括朋友资源、校友资源、合作伙伴资源等。

（一）样本对象情况

通过筛选，最终选择了来自优秀正宗品牌企业的中高层管理人员、品牌管理研究专家、正宗品牌消费者为样本对象，具体情况如表4-1所示。从表中可以看出，样本以企业人员为主，他们分别来自WJ、GX、DE、CC 4家企业，并且都是这些企业的中高层管理人员，资料的收集方式包括二手资料收集、实地调研、访谈等。此外，样本对象还包括品牌管理专家、正宗品牌消费者等，资料的收集方式则以访谈为主。

表4-1 样本对象情况

指标	样本类型		资料收集	
	来源企业	所属行业	资料来源	收集方式
企业人员	WJ	饮料	调研、访谈、书报等	实地调研、访谈等
	GX	食品	调研、访谈、书报等	实地调研、访谈等
	DE	药品、保健	网络、书报、访谈等	面谈、电话访谈
	CC	食品	网络、书报、访谈等	面谈、电话访谈
专家学者			访谈	面谈、电话访谈
消费者			访谈	面谈、电话访谈

注：由于未能获得样本企业的授权，书中的样本企业名称均采用字母代替。

（二）样本企业简介

1. WJ公司

WJ是BYS医药集团的品牌，公司兼营中成药和食品生产，其中食品有凉茶植物饮料、润喉糖、龟苓膏等产品。2006年，该公司获得商务部颁发的首批"中华老字号"证书。WJ品牌最有名的是凉茶产品，它创立于清道光年间（1828年），被公认为凉茶始祖，采用本草植物材料配制而成，享有"凉茶王"的美誉。公司一直关注技术创新与技术进步，2009年起连续四年被评为国家高新技术企业。2011年，WJ凉茶作用机理研究被纳入国家863计划。2017年1月，WJ凉茶原料DNA条形码物种鉴定体系获国家科技进步二等奖。WJ对产品质量进行严格的把控，并成为我国第一批获得澳大利亚TGA认证的企业。公司的凉茶生产工艺更是被评为国家级非物质文化遗产，见证了其在凉茶传统制作方面的卓越贡献。2019年1月，坐落在雅安的凉茶博物馆正式开业，该博物馆内部配备了悬壶济世、林则徐赠送的壶、请茶缸和凉茶铺等多种设施，旨在通过"真看真听真感觉"的方式来弘扬其深厚的凉茶文化和鼓舞人心的企业文化。WJ一直秉持着传统中草药的理念，强调产品的天然和健康特性，其凭借卓越的品质、深厚的历史积淀以及不懈的科技创新，赢得了广大消费者的信赖和认可。现如今已经成为凉茶行业的领导品牌，特别是其纸盒装WJ凉茶，已经成为中国盒装凉茶的领军品牌。

2. GX公司

GX公司是中华老字号企业，主要从事传统特色及其他休闲食品的研发、生产和销售。公司的产品包括以麻花为代表的传统休闲食品，以及糕点、果仁等。1997年，在全国首届"中华名小吃"鉴定认定会上其麻花被认定为"中华名小吃"；2006年，被商务部认定为"中华老字号"。主打产品"GXSBJ"系列麻花荣获"2015中国特色旅游商品评选活动"金奖，其制作技艺入选国家级非物质文化遗产代表性名录，以其酥脆香甜、久放不绵等特色享誉国内外。并且其在2021年入选《2021年胡润中国最具历史文化底蕴品牌榜》第66位。公司主打产品"SBJ"麻花也成为了消费者公认的最正宗的天津麻花。GXSBJ麻花能成为市场上享有盛誉的健康美味食品，其特色体现在它的配料和制作工艺上。SBJ麻花主料是精选的上等面粉、花生油和白糖，这一点和全国各地的麻花都一样，但在配料上，SBJ麻花则添加了桂花、青梅等十几种小料，这样调配出来的麻花味道自然别具一格。GX 公司坚持在传承中创新，推动了企业的跨越式发展，从而能更好地保护老字号资源、提升老字号品牌、传承老字号经典、弘扬老字号文化。

3. DE 公司

DE 公司主营业务包括生物中药、生物保健品、生物西药等，涵盖了三个类别 6 个品种，产品远销至东南亚、欧美等十余个国家。公司员工近5000 人，是国家级高新技术企业、国家级创新型企业、国家级非物质文化遗产东阿阿胶制作技艺传承人企业。DE 公司秉承厚道、地道、传承、创新的理念，3 次荣获国家质量奖金奖，获传统药"长城"国际金奖、中国质量奖提名奖，山东省首届省长质量奖，为"中国 500 最具价值品牌"。2021 年，DE 公司入选《2021 胡润中国最具历史文化底蕴品牌榜》第52 位，并且其"DE"以中华老字号品牌排名第 4 名。2022 年，DE 公司入选新华社、中国建设促进会发布的"2022 年中国最具品牌价值榜单（中华老字号）"。公司的"DE"、"JXY"和"THJ"三个商标均为中国驰名商标。在全国同行业中，公司较早获得了 GMP、ISO9001 质量体系、ISO14001 国际环境体系等的认证，已成为全国医药百强、科技百强、中药行业效益十佳企业。作为阿胶的传承者，DE 公司积极响应国家推进中医药创新传承，守护传统工艺精髓，不断利用先进科技提升技艺，打造最高品质的阿胶产品，让滋补国宝走入寻常百姓家。

4. CC 公司

CC 公司是我国著名的老字号企业，其历史已达上千年。公司的前身是"MHJ"醋坊，现在的"MHJ"是 CC 集团的一部分，"MHJ"也成了CC 集团的子品牌之一。公司继承了传统的酿醋工艺，其原料主要为优质的高粱、大豆等，酿醋过程工艺严谨、不添加任何催化剂；醋的生成完全靠原料自主发酵，这使得醋中含有较多有益成分。公司的老陈醋品质优良，产品广受消费者的喜爱。2006 年，"ST"老陈醋传统酿制技艺荣获首批"国家非物质文化遗产"称号；2008 年，"MHJCC 酿制技艺"被国务院认定为"国家级非物质文化遗产"。同时，集团公司还通过了

ISO9002 国际质量体系以及美国 FDA 的认证，产品远销欧美日韩等 10 多个国家和地区。公司品牌拥有"华夏第一醋"的美誉。当前，集团公司的子品牌包括"MHJ"、"DH"、"YYQ"等注册商标，这些品牌都继承了公司上千年的传统工艺。

三、数据收集方法

在数据的收集方面，为了提高数据质量，借鉴 Miles 等（2003）提出的三角测量法，通过多种渠道进行数据的收集。三角测量法能够拓宽研究者的信息来源，保证研究结论、解释等的合理性。一般而言，定性研究中的数据来源主要包括直接观察、访谈、二手资料等。Yin（2003）认为，研究中如果不同来源渠道的数据能够得到相似的结论，这时的研究结论更具说服力。根据这一观点，研究中的数据来源渠道越多，质性研究的效度也会更高（Roos，2002）。因此，本书将收集一手资料和二手资料。为更全面地收集数据，结合学者们的建议，采用一手资料为主、二手资料为辅的方式进行数据的收集，其中一手资料主要是通过扎根访谈得到的数据，二手资料则主要是通过网络、书籍、年报等得到的数据。

具体而言，在扎根访谈过程中，首先对相关文献进行阅读和梳理，进而拟定好品牌正宗性内涵维度的访谈提纲；其次根据选取的访谈样本，对其进行深入的访谈。访谈的样本既包括企业人员（中高层管理文员为主），还包括专家学者以及消费者，具体访谈情况如表 4-2 所示。

表 4-2　扎根访谈情况汇总

样本类型		资料收集		
企业品牌		访谈对象	访谈地点	访谈时长
企业人员	WJ	3 名中高层管理人员，1 名普通员工	广州	中高层领导每人 2 次，平均每次 40 分钟；普通员工每人 1 次，每次约 30 分钟
	GX	4 名中高层管理人员，1 名普通员工	天津	
	DE	2 名中高层管理人员，2 名普通员工	聊城	
	CC	2 名中高层管理人员，1 名普通员工	电话访谈	

续表

样本类型	资料收集		
企业品牌	访谈对象	访谈地点	访谈时长
专家学者	5名品牌研究专家，3名品牌研究博士	天津	每人2次，每次约40分钟
消费者	6名有正宗品牌消费经验的普通消费者	天津	每人1次，每次约40分钟
合计	30人		共计31.8小时

　　从表4-2可以看出，访谈人数合计30人，其中企业人员最多，为16人；其次是专家学者，为8人；最后是消费者，为6人。对企业人员的访谈主要以中高层管理人员为主，这是因为品牌正宗性建设属于企业战略性规划，中高层管理人员会有更深刻的认识和理解。访谈过程中主要围绕事先准备的问题进行问答和探讨（题目见附录）。对中高层管理人员的访谈次数为每人2次，平均每次40分钟。此外，还对4名普通员工进行了访谈。访谈内容主要为产品生产的工艺、公司要求、领导传达的精神等。目的是从侧面了解企业的品牌正宗性建设，每人1次，每次约30分钟。专家学者的访谈则包括5名品牌研究专家、3名品牌研究博士，访谈的内容则偏学术，过程主要围绕品牌正宗性的内涵进行探讨（题目见附录），每人2次访谈，每次约40分钟。消费者的访谈则包括6名有正宗品牌消费经验的普通消费者，访谈内容以消费者在购买过程中的感受为主（题目见附录），每人1次访谈，每次约40分钟。以上访谈在经过被访谈者的允许后，全过程录音。根据理论饱和的规则，当新的样本不再产生新的重要观点时，访谈抽样截止。访谈结束后通过对笔记及录音资料归整，共得到访谈文稿约4万字。

　　除了一手资料外，还通过二手资料的收集进行数据的补充，二手资料主要包括企业官方网站公开的内容、出版的书籍、企业负责人的自传、企业领导的采访或演讲稿、企业年报、相关新闻报道；消费者的评价、其他公司的材料，咨询公司的分析报告等（共计约5万字）。为增加研究结论的信度和效度，在数据收集结束后，将这些内容整理成报告发送给被访谈者，并邀请对方进行阅读和反馈。

第三节 数据分析

在进行了研究设计之后，本节对品牌正宗性的构成维度进行了分析。本部分主要根据上面的扎根访谈获得的资料进行数据分析，通过数据编码，本研究对数据资料进行了总结和归纳，最终得出了品牌正宗性的结构维度。为得出品牌正宗性的内涵维度，本研究借鉴 Strauss 和 Corbin（1990）的研究方法对数据进行了分析。

一、开放式编码

编码主要是通过不断比较事件和概念，进而形成编码范畴与特征并根据数据进行概念化（Glaser，1992）。根据扎根理论的定义，开放式编码指对收集到的资料进行分析以发现概念，并对概念内涵进行解读的过程（Strauss & Corbin，1990）。建立理论首先要进行概念化，概念化指运用抽象性的话语对资料中的重要事物、行动等进行描述（涂辉文，2010）。在开放式编码的操作中，研究者需要对收集到的资料进行解读进而发现概念，接着对这些概念的属性和关系进行对比，进而分类或者重组成一个更抽象的范畴（陈向明，1999；崔祥民等，2017）。整个过程中最重要的一步是将概念群形成范畴，形成范畴不仅能够更好地解释现象，还能有效减少研究者的工作量。在开放式编码的过程中，研究者还需要不断提问，通过资料的对比找出概念和范畴，并据此进行理论样本的采集（张敬伟和马东俊，2009）。之后研究者需要再次收集资料，利用这些资料和原始资料提炼出新的概念和范畴，并对这些概念和范畴进行比较，进而得出主要的范畴。

根据上述研究步骤，本书对收集到的访谈资料进行了分析。在剔除了与研究无关的语句并给有意义的内涵贴上标签后，最终形成了 135 个标签。接着，对最终形成的 135 个标签的内涵做进一步的总结和归纳，用精炼的词准确表达出标签表达的意思。根据内容的同一性，对所有标签进行归纳、整理、比较，最终共总结出了 39 个概念。整个开放式编码的过程如表 4-3 所示。

表 4-3 开放式编码

访谈资料	标签	概念
公司始终坚持选用高品质的制作原料，所有原材料均采自全国优质产地（GX）；我们的产品以高粱、麸皮、谷糠和水为主要原料，其中我们本地的高粱品质很好（CC）；我们原料中最出名的还是东阿水，它是一种锶型天然矿泉水，矿物质含量高，营养元素多，特别是微量元素极为丰富，且比重高，矿物质含量高于一般水质几倍乃至几十倍（DE）；我们公司的产品采用本草植物材料配制而成（WJ）	原料质量好、原料独有、原料知名、原料健康	原料独特
CC 是中国四大名醋之一，已有 3000 余年的历史，素有"天下第一醋"的盛誉；通过精湛的工艺，将 189 年前的凉茶配方完美传承（WJ）；GX 已延续百年，精湛的工艺、精良的制作、香甜的口感、精美的包装使其成为天津赫赫有名的食品"三绝之首"	工艺历史久、工艺流传、工艺精细	工艺独特
产品的产地东阿镇已被认定为"中国阿胶之乡"，具备"阿胶原产地"标志认证（DE）；天津的麻花最有名，每次有朋友去天津，都会让他带几盒麻花回来（GX）；WJ 所在地广东拥有众多凉茶品牌，它们都被称为广东凉茶，广东凉茶是中国传统凉茶文化的代表，是中医药文化中的一个分支（WJ）；山西省将醋业作为切入点，为陈醋企业走向世界创造条件、提供帮助（CC）	产地著名、产地被认可、产地有集群、产地扶持	产地独特
产品的原料基本还是参照最初始的配方，这样才能保证产品几十年上百年不改变（DE）；虽然 WJ 凉茶的载体多有变化，如茶包、罐装、瓶装、液体、固体等，不变的还是 WJ 的味道；我们的产品早已深入人心，在包装风格方面尽量不进行改变，我们的包装已经和品牌融为一体了（CC）	原料不变、口味不变、风格不变	口味风格不变
公司集团董事长被认定为"MHJCC 酿制技艺"国家级传承人（CC）；公司总裁获得国家级非物质文化遗产东阿阿胶制作技艺代表性传承人的称号（DE）；2017 年，公司董事长人选第五批国家级非物质文化遗产代表性论文传承人推荐名单（GX）	国家级继承人、领导继承、非遗继承	传承人

续表

访谈资料	标签	概念
公司产品的酿造工艺创于明末清初，至今已有300多年的历史（CC）；从唐朝开始作为朝廷贡胶一直延续到清朝，就是因为朝廷的重视，其制作工艺一直流传到现在，它是国家机密配方（DE）；为保护公司的利益，我们对产品配方进行了专利申请（GX）；几百年来公司的产品配方几乎未曾改变过（WJ）	配方历史久、配方流传、配方保护、配方不变	配方继承
公司传承近3000年的传统工艺，99道传统工序，至今仍保留部分手工环节，同时不断追求创新（DE）；我们的包装基本遵照以前的包装风格（CC）；在产品生产方面，我们追求古法制作，并且生产出了一系列的产品（WJ）	传统技术、传统包装、古法制作	保持传统
我们公司历史悠久，虽经历了很多历史变革，但是生产没被中断过（GX）；正是因为一直有专人来继承配方，我们才能品尝到几百年前的味道（WJ）；为防止阿胶制作工艺失传，我们申请了国家级的非物质文化遗产保护（DE）	未中断、工艺未失传、配方未失传	持续生产
董事长17岁起就师从阿胶第七代传人刘绪香老药师，钻研阿胶传统炼制技艺，至今从事阿胶行业已经40多年，并成为创立于嘉庆五年的DE阿胶同兴堂的第八代传人（DE）；2008年1月，集团公司董事长郭俊陆成为国家级非物质文化遗产——老陈醋酿制技艺的传承人（CC）；2017年，公司董事长入选第五批国家级非物质文化遗产代表性传承人推荐名单（GX）；公司继承并沿用凉茶创始人的品牌至今，集团还继承了YHJ的秘方和内涵，而且至今王泽邦先生的后代还在公司工作（WJ）	传人、非遗传承人、秘方继承、后人在公司	嫡传
在公司的阿胶博物馆中陈列了证明公司作为阿胶工艺继承人的相关书籍、实物等（DE）；公司展示有传统陈醋生产工艺流程和陈醋历史文化内涵博物馆，馆内陈列有陈醋的发展书籍和明清以来的产品制作实物，古书史料、食醋秘方等（CC）；公司建有文化馆，馆内主要展示流传下来的麻花制作器具、技术工艺等（GX）；公司拥有全球规模最大、藏品最丰富、科技含量最高的凉茶博物馆，馆内展示了大量凉茶制作的实物、史料等（WJ）	书籍实物、博物馆展示、文化馆资料、博物馆资料展示	继承有证据
公司传承近3000年的传统工艺，99道传统工序，至今仍保留部分手工环节（DE）；公司传承了600余年"MHJDH"老醋的核心手工技艺，通过对MHJCC酿制技艺的传承，使得"东湖"老陈醋更知名（CC）；GXSBJ麻花诞生于1927年，是由手艺人刘老八首创，通过多年的制作经验和对传统技艺的严格把控和传承，SBJ麻花蜚声海内外（GX）；184年来，WJ凉茶的产品形式不断变化，但其秘方和内涵却得到了WJ真正的传承（WJ）	历史传承、技艺传承、技艺把控和传承、秘方内涵的长久传承	传承可追溯

续表

访谈资料	标签	概念
DE 阿胶，现在几乎成了正宗阿胶的代名词了，提到阿胶，大家立刻就联想到了 DE 阿胶（DE）；公司作为"MHJ 醯坊"正宗传承者，不仅是山西醋文化传承者，更是山西醋文化原创者（CC）；天津麻花还是 GXSBJ 的最正宗，它是百年老字号品牌，要买肯定买他们家的（GX）	正宗代名词、正宗传承者、最正宗	传承被认可
公司的 DE 阿胶制作技艺被评为国家非物质文化遗产保护论文，还被评为"中华老字号"（DE）；1993 年，公司名下品牌 DH 获得国家首批"中华老字号"品牌称号，MHJCC 酿制技艺被评为国家非物质文化遗产（CC）；GX 被商务部认定为"中华老字号"，还被评为国家级非物质文化遗产（GX）；2006 年 WJ 被商务部认定为"中华老字号"，以"WJ"为代表的"凉茶"经国务院批准评为首批国家级非物质文化遗产（WJ）	非遗论文、中华老字号	传承认证
正宗道地的阿胶要确保用 100% 纯驴皮制作，DE 阿胶用料考究，以成年黑驴皮为最佳（DE）；大家都知道山西的醋有名，但是山西生产醋的厂家那么多，为何消费者只认准你的呢，这时正宗的重要性就凸显出来了（CC）；天津麻花的品牌不少，但是消费者就是认准 GX，因为他们觉得这个才正宗（GX）；经历了这么多纷争，我们的产品销量仍然在不停地增长，就是因为消费者对我们品牌正宗性的认可（WJ）	原料影响正宗、正宗的重要性、消费者看重正宗、消费者正宗认可	正宗的重要性
东阿地下水、100% 纯驴皮和国家非物质文化遗产 DE 阿胶制作技艺，三者缺一不可，方才成就了正宗道地的 DE 阿胶（DE）；只有符合总酸度达到六度，没有防腐剂，没有保质期的标准才是正宗的山西老陈醋（CC）；GXSBJ 麻花为传承经典老味道，将工匠精神内化于心、外化于行，融入每一个制作环节，将传统制作工艺延续发展，同时结合现代营养知识不断改进创新，缔造经典老味道（GX）；品牌名称、红罐包装、产品配方、口味等一直不变，这或许就是 WJ 一直大受推崇的原因（WJ）	正宗的要素、正宗的标准、老味道的形成、品牌要素不变	正宗性的认识
他（总裁）认为，我们国人推崇"工匠精神"，但是又没有理解到它的真正内涵，其实"工匠"的"精神"才是根本（DE）；GX 的掌门人一直未停止过对产品求新求变的脚步，"究工艺"、"掘配料"、"研口感"、"思外形"，反反复复推敲论证、精心研究使之广受拥戴（GX）；作为拥有 180 年传承历史的品牌，WJ 在坚守品质、坚守优秀传统的同时，不断进行创新，与年轻人进行互动（WJ）	学习工匠精神、产品求新求变、坚持传统并不断创新	学习意识

续表

访谈资料	标签	概念
务实、严谨、高效是 DE 的优势所在，但是阿胶市场竞争异常激烈，不能掉以轻心（DE）；在品牌方面，CC 品牌占据了很大的优势，老字号和非遗称号也给品牌带来了很大的优势，但是企业还应该继续创新（CC）；公司的市场地位已经比较稳固，但是真正的对手往往是自己，也不能掉以轻心（GX）；虽然说公司现在市场占有率排第一，但是竞争者攻势也很猛，我们要时刻保持头脑清醒（WJ）	清楚优势、竞争激烈、有危机感、保持清醒	清楚优劣势
企业文化对融合进行了解释，融古今智慧是策略，创健康人生才是目标（DE）；工匠精神源于专注、创新和奉献，在麻花技师和徒弟们的眼中，制作麻花已经成为生命中必不可少的一部分，他们在不断超越的路上悟出了更多的精神实质（GX）；WJ 的企业文化中提出了"立身处事 30 条黄金法则"，这既是公司也是个人的立身处事准则（WJ）	融合的辩证法、工匠精神、行为准则	独到见解
DE 的使命是"寿人济世"，也就是关爱人们的健康长寿，这是我们公司的理想和追求（DE）；推陈出新，健康为任，源承历史，锻铸未来，这些企业文化包括了正宗文化的内容（GX）；公司的宗旨是循妙方制良药，让天下人治天下病，这体现了正宗的企业文化（WJ）	企业使命、企业文化、企业宗旨等体现正宗文化	共同正宗文化
公司制定了详细的企业文化和制度，要求企业员工做到诚实守信、不掺假不制假，保证品牌的正宗性（DE）；CC 的制作过程有详细且苛刻的标准和细则，这些规则保证了品牌的美誉（CC）；作为上市公司，为维护品牌形象，公司制定了详细的制度规范（GX）；公司的"立身处事 30 条黄金法则"能够保证品牌正宗性的形成（WJ）	企业文化、制作标准、制度规范、行为准则	形成制度、规范
公司主动地传承和保护产品配方，并在继承的基础上进行研究和创新（DE）；员工都会自觉地履行公司制定的规则，这些行为规范都刻在大家脑子里了（CC）；公司员工一直用责任与承诺谱写着无私奉献的华章，在全体员工一道努力下，近几年糕点车间生产值持续攀升，获得了消费者的喜爱（GX）	主动行为、自觉履行、员工责任心	自觉遵守惯例
在 DE，张士勇这样的善举，每年都层出不穷，为善则是尊道、崇德延伸到个体层面的员工自觉行为（DE）；公司的员工不仅会自觉地维护品牌形象，还会主动推销公司产品（CC）；经过一段时间与员工的沟通和培训，员工们能够自觉遵守规则，维护了公司品牌（GX）	员工自觉行善、维护品牌形象、主动推销、维护品牌	自觉维护品牌

续表

访谈资料	标签	概念
DE 的目标客户以女性消费者为主（DE）；CC 的受众比较广泛，即一切喜欢醋和醋制品的消费者（CC）；作为传统食品公司，GX 的目标客户也没有具体的限制（GX）；WJ 的受众则主要为注重健康的消费者（WJ）	女性消费者、醋爱好者、不限、注重健康者	受众清晰
DE 的产品功能主要是养血补血（DE）；CC 的功能主要有调味、开胃等（CC）；GX 的使命是传承百年美味，满足人们的美食需求（GX）；WJ 的产品功能主要是去火、降火（WJ）	补血、调味、美食、降火	功能明确
DE 阿胶是一家中药企业，它的使命是"寿人济世"。"寿人"是我们对所有用户的承诺，我们要做优质的产品，能够治疗疾病、滋养身心，给用户带来健康、长寿、欢乐、幸福，"济世"是我们对社会和国家的承诺，我们要承担起振兴中药的家国使命，承担起扶危济困的社会道义，承担起"这个世界会好的"的伟大希望（DE）；GX 主要从事传统特色及其他休闲食品的研发、生产和销售（GX）；公司的宗旨是循妙方制良药，让天下人治天下病（WJ）	企业使命、企业主营业务、企业宗旨	角色定位清楚
DE 阿胶是一个有 3000 年传承的民族品牌，一直是中药典籍中记载的"上品"、"圣药"，它承载着中华文明的传统，任重道远（DE）；老祖宗将配方和工艺留给了我们，我也要像他们一样好好地保护这些财产，并将这些工艺配方发扬光大，继续传承下去（CC）；传统和时尚貌似挺难融合，但是其实不是，GX 多年来在做这方面的努力，如新媒体的宣传就能帮助我们变时尚（GX）；WJ 凉茶历史悠久，公司传了几百年的工艺和明显的传统特色帮助公司获得了人们的广泛认同（WJ）	承载传统、工艺传承、创新、传统与时尚结合、世代传承	维护传统文化意识
在中医看来，气血亏虚就会导致皮肤暗黄，DE 阿胶益气补血的作用能够很大程度地解决这一问题（DE）；与普通食醋相比较，CC 不仅具有酸醇、味烈、味长，更有香、绵、不沉淀等优点，储存时间越长越香酸可口，耐人品味（CC）；成品大麻花口感酥脆，没有硬块儿、硬芯儿，老年人和小孩子都能嚼得动，味道甜香宜人，让人爱不释口（GX）；WJ 是一款传承正宗的凉茶，它里面含有三花三草等草本原料，具有良好的清凉去火的功效（WJ）	解决问题、产品优势、味道好、功效好	功能匹配
DE 的包装借鉴了传统文化的要素，给人以古典、朴素的感觉，很容易被吸引（DE）；醋是人们的日常用品，CC 的包装比较朴实、低调，让人感觉很踏实（CC）；WJ 经典的红罐包装让人印象深刻，红红火火也符合中国人的审美，绿色的盒装也和产品去火的功能相契合（WJ）	传统包装、包装感觉踏实、包装与功能契合	包装匹配

续表

访谈资料	标签	概念
DE 以"厚道、地道、传承、创新"为基本价值观，这些价值观与消费者的价值取向相符合（DE）；GX 将人品、企品、产品三品合一作为企业的核心价值观，这个价值取向也受到了消费者的认可（GX）；年青的一代不断成长并具备消费能力，作为老字号企业我们也要跟着一起成长，我们要时刻把握住年青一代的喜好和价值取向，有针对性地进行产品的创新（WJ）	价值取向契合、价值观认可、与目标客户价值观靠拢	价值观匹配
中国人一直有进补的习惯，DE 阿胶刚好符合人们的这一消费特点（DE）；GXSBJ 麻花根据人们的饮食习惯进行产品的设计，如现在大家都注重养生，我们就专门设计了养生人士偏好的产品（GX）；通过对当前年青群体的生活习惯与态度的深度标签化定制，WJ 态度罐有望打造出一个媲美可乐歌词瓶的成功案例（WJ）	消费习惯、迎合饮食习惯、根据消费者习惯设计产品	消费者习惯匹配
相对其他品牌来讲，有着自己的唯一性，它的独特之处主要是采用了独特的水质和完美的生产工艺相结合，才可以制造出质量上等的阿胶（DE）；来天津了就得尝下天津麻花，天津麻花就数 GXSBJ 的麻花最有名了，吃了才不枉来天津（GX）；WJ 还借助个性化潮流推出 WJ 定制罐，消费者可以在 WJ 红罐上展示自己喜爱的照片、文字等，实现自我个性化表达，塑造个性消费（WJ）	独特之处、来了就得吃、个性表达	彰显个性
DE 是阿胶的行业龙头，也是最著名的阿胶品牌，购买 DE 肯定会给人感觉不一样啦（DE）；来天津肯定要认准 GX 的牌子，买别的品牌会显得我很不懂行呀（GX）；WJ 是凉茶行业最知名的品牌，要买肯定就买最出名的（WJ）	行业龙头、证明懂行、最有名	表明地位
DE 的产品最有名，而且他们的包装也很有品位，我一看到就很喜欢，就喜欢有品位的东西（DE）；懂山西老陈醋的人就会选择 CC 家的醋，他们的醋回味悠长、值得深品，这才是有品位的人的选择（CC）；GX 的包装走的是复古路线，看起来很有品位，送人时提在手上很有面子（GX）	包装有品位、味道有特色、有面子	显示品位
我买东西一直都买最好的，所以我才会选择 DE 这个老字号牌子，而非其他阿胶品牌（DE）；在外聚餐时我经常会要求店家上醋，但是拿上来的醋往往不令人满意，地道的山西人爱吃的是山西老陈醋（CC）；GX 现在也有了高端麻花，包装非常精美，看起来高大上、很适合给亲朋好友送礼（GX）	买最好的、家乡味道、高大上	身份象征

续表

访谈资料	标签	概念
作为地道的山西人，不会吃地道的山西老陈醋感觉不像那么回事，就像不会吃辣的四川人一样（CC）；来了天津玩，感觉只有吃了正宗的天津麻花才像是来了天津，网上都说GX的麻花最正宗（GX）；喝WJ会让别人认为我是一个注重健康的人，然后给我正面的评价（WJ）	更像当地人、消费归属、人物归类	社群接纳
DE的产品价格挺贵的，使用他们的产品有一种类似于奢侈品消费的感觉，感觉自己也高大上（DE）；当我吃CC时，就感觉自己也是山西人一样，把醋当水喝（CC）；WJ通过广告成功地将产品与火锅这个场景建立了强关联，消费者也逐渐形成了吃夜宵、火锅应该配WJ这个习惯（WJ）	奢侈品联想、产品所在地联想、社群场景联想	社群联想
在外地的时候，想了就会吃点家里寄过来的醋制品，这样就感觉自己回到家人身边了（CC）；我还挺喜欢天津这个城市的，当别人送我GX麻花的时候，我会感觉自己离这个城市很近（GX）；喝WJ的时候感觉昨晚吃的烧烤、熬的夜都不是事、立马能解决了一样，感觉自己又是一个爱生活的好青年了（WJ）	家乡归属、拉近产地距离、积极归属	社群归属
在网上买DE阿胶时，网友们都会反馈效果以及注意事项，互帮互助的感觉很好（DE）；在吃GX麻花时，很容易就想起了天津话、天津相声等，天津给人的感觉还是挺好的（GX）；WJ的广告做得太成功了，以至于消费者聚会吃火锅、烧烤时总得顺便来点WJ，WJ也给人一种热热闹闹的感觉（WJ）	互帮互助、产地感觉好、所属社群氛围热闹	社群氛围
DE是对象买给我的，他知道我贫血，所以吃的时候感觉幸福（DE）；我吃的GX麻花是朋友们从天津带给我的，所以吃的时候感觉很开心，这毕竟是朋友的心意嘛（GX）；我喝WJ基本都是在和朋友们聚餐的时候，以至于一看到WJ就想起了聚餐的愉快氛围（WJ）	幸福感、吃得开心、氛围愉快	愉悦感

二、主轴编码

接下来则是主轴编码，主轴编码主要是在开放式编码的基础上，根据现有的材料，对开放式编码总结出的概念做进一步的概括和总结，这样才能形成可以描述"品牌正宗性的结构维度"现象的范畴。首先，根据开放式编码得出的概念总结出子范畴；其次，对这些子范畴做进一步的整合，形成主范畴。这样才能科学地反映出内在规律，进一步深化研究的问题。

数据分析结果如表4-4和表4-5所示，表4-4为主轴编码提炼出的子范畴，表4-5为主轴编码提炼出的主范畴。

表4-4 主轴编码提炼出的子范畴

编号	子范畴	概念
1	来源独特性	原料独特、工艺独特、产地独特、口味风格不变
2	技艺继承性	传承人、配方继承、保持传统、持续生产
3	传承合法性	嫡传、继承有证据、传承可追溯、传承被认可、传承认证
4	理念认知性	正宗重要性、正宗性理解、学习意识、清楚优劣势、独到见解
5	文化俗成性	共同正宗文化、形成制度规范、自觉遵守惯例、自觉维护品牌
6	定位准确性	受众清晰、功能明确、角色定位清楚、维护传统文化意识
7	目标一致性	功能匹配、包装匹配、价值观匹配、消费者习惯匹配
8	自我表达性	彰显个性、表明地位、显示品位、身份象征
9	群体归属性	社群接纳、社群联想、社群归属、社群氛围、愉悦感

表4-5 主轴编码提炼出的主范畴

主轴编码	范畴化	范畴的关系联结
原生连续性	来源独特性 技艺继承性 传承合法性	正宗的品牌应该在来源的独特性（包括原料独特、工艺独特、产地独特、口味风格不变）、技艺的继承性（包括传承人、配方继承、保持传统、持续生产）、传承的合法性（包括嫡传、继承有证据、传承可追溯、传承被认可、传承认证）等方面具备优势
文化建构性	理念认知性 文化俗成性 定位准确性	正宗的品牌应该在理念的认知（包括正宗重要性、正宗性理解、学习意识、清楚优劣势、独到见解）、文化的俗成（包括共同的正宗文化、形成制度规范、自觉遵守惯例、自觉维护品牌）、定位准确性（包括受众清晰、功能明确、角色定位清楚、维护传统文化意识）等方面具备优势
顾客联结性	目标一致性 自我表达性 群体归属性	正宗的品牌还应该在与消费者的目标一致（包括功能匹配、包装匹配、价值观匹配、消费者习惯匹配）、帮助消费者进行自我表达（包括彰显个性、表明地位、显示品位、身份象征）、让消费者有群体归属感（社群接纳、社群联想、社群归属、社群氛围、愉悦感）等方面具备优势

三、选择性编码

在完成了开放式编码和主轴编码之后，研究者要根据已有数据进行选择性编码，即将主范畴整合到完整的理论框架中（Strauss & Corbin，1997）。在选择性编码的过程中，研究者需要继续不断地对不同概念和范畴之间的关系进行比较和总结，最终形成故事链（即概念模型）。本书以前面的数据分析为基础，通过对访谈资料的分析和比较，以"品牌正宗性的构成维度"为核心范畴，最终得出了品牌正宗性构成维度的故事线。故事线显示，品牌正宗性的结构维度包括原生连续性、文化建构性、顾客联结性。同时，结合已有研究和扎根访谈，得出了品牌正宗性构成维度模型，如图4-1所示。

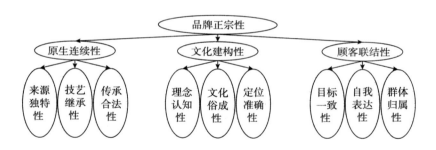

图4-1　品牌正宗性构成维度模型

第四节　探索性研究小结

本章根据扎根理论的研究方法对品牌正宗性的构成维度进行了探索性分析。研究以四个优秀正宗品牌为对象，对企业中高层管理人员、专家学者、消费者等进行了深度访谈并获得了详细的数据资料。研究通过扎根理论的开放式编码、主轴编码、选择性编码三个步骤得出了品牌正宗性构成维度模型。下面对该子研究结果进行小结。

一、研究结论与模型解释

本章通过扎根理论的研究方法，对品牌正宗性的构成维度进行了探索性研究。经过开放式编码、主轴编码、选择性编码，得出了品牌正宗性构成维度模型，如图4-1所示。模型图显示，品牌正宗性由原生连续性、文化建构性、顾客联结性三个维度及其构成因子组成。其中，原生连续性由来源独特性、技艺继承性、传承合法性三个因子构成；文化建构性由理念认知性、文化俗成性、定位准确性三个因子构成；顾客联结性则由目标一致性、自我表达性、群体归属性三个因子构成。

（一）原生连续性

品牌的正宗性是需要一定"天赋"的，所谓天赋是指品牌在来源、技艺的继承、传承的合法性等方面拥有的优势，这些统称为品牌的原生连续性。而来源方面的优势包括品牌产品的原料独特、工艺独特、产地独特以及口味风格一直不变等。例如，前文案例中的DE，其产品原料中最独特的是东阿水，这是其他产地品牌所无法比拟的；WJ则完美地继承了189年前的凉茶工艺，这使得它在正宗性方面拥有了得天独厚的优势；GX品牌正宗性的形成离不开其产地天津的独特性。在技艺继承的优势方面，则包括企业拥有工艺的传承人、继承了产品配方、保持了产品的传统以及一直在持续地进行生产等。例如，CC公司的董事长被认定为"老陈醋酿制技艺"国家级传承人；WJ的产品配方几百年来几乎未曾改变过；GX历史悠久，虽经历很多历史变革，但是生产没被中断过。传承合法方面的优势则包括公司的嫡传身份、继承有证据、传承可追溯、传承被认可、有传承认证等。例如，DE的董事长17岁起就师从阿胶第七代传人，并成为创立于嘉庆五年的东阿阿胶同兴堂的第八代传人；CC公司的博物馆内陈列有山西老陈醋发祥史料和明清以来酿醋、食醋、盛醋、运醋实物，古书史料、食醋秘方等；GXSBJ 麻花则与天津狗不理包子、耳朵眼炸糕并称为"天津三绝"，并位列其首；WJ 则被商务部认定为"中华老字号"。

（二）文化建构性

品牌正宗性的形成仅仅依靠先天条件是不够的，它还需要企业通过自己的努力，使品牌在正宗的文化特性方面获得竞争优势，这一特性指的就是品牌的正宗文化建构性。品牌在正宗文化建构性方面的优势体现在企业对正宗理念的认知、企业正宗文化的俗成以及企业正宗性定位的准确性等方面。其中，正宗理念认知方面的优势包括企业意识到正宗的重要性、对正宗性有一定理解、企业学习意识强、清楚正宗性建设方面的优劣势、对正宗性有独到见解等。例如，DE 清楚正宗的重要性，公司用料考究，以成年黑驴皮为最佳，且必须用整张驴皮炼制；GX 对正宗性有深刻的理解，公司将工匠精神内化于心、外化于行，融入每一个制作环节；为建设强品牌，WJ 的企业文化中提出了"立身处事 30 条黄金法则"，这既是公司也是个人的立身处事准则。正宗文化俗成方面的优势则体现在企业形成了共同的正宗文化、形成了制度规范、员工自觉遵守正宗性建设的惯例、自觉维护品牌等。例如，GX 企业文化中的"推陈出新，健康为任，源承历史，锻铸未来"就涵盖了正宗文化的内容；DE 公司制定了详细的企业文化和制度，要求企业员工做到诚实守信、不掺假不制假，保证品牌的正宗性；CC 公司的员工不仅会自觉地维护品牌形象，还会主动推销公司产品。正宗定位准确性的优势则体现在受众清晰、功能明确、角色定位清楚、有维护传统文化的意识等方面。例如，DE 的目标客户很明确，以女性消费者为主；CC 的功能也很明确，主要是调味、开胃等；WJ 将传承凉茶工艺和文化视为己任。

（三）顾客联结性

品牌正宗与否最终取决于顾客对品牌的评价，因此一个正宗的品牌还应体现出顾客与品牌的亲密联系，这一特性也就是顾客联结性。研究结果表明，正宗品牌的顾客联结性体现在品牌与顾客目标一致、品牌能够帮助顾客进行自我表达、顾客能够通过品牌找到群体归属等方面。其中，目标一致体现在品牌功能与顾客需求相匹配、品牌包装与顾客身份相匹配、品牌价值观与目标顾客相匹配、品牌与消费者习惯相匹配。例如，DE 的包装借鉴了传统文化的要素，给人以古典、朴素的感觉，很容易被吸引；GX 将人品、企品、产品三品合一作为企业的核心价值观，这个价值取向也受到了消费者的认可；WJ 则根据当前年轻群体的生活习惯与态度定制出了态度罐。品牌帮助顾客进行自我表达则体现在帮助顾客彰显个性、表明地位、显示品位、象征身份等方面。例如，WJ 借助个性化潮流推出定制罐，帮助消费者实现自我个性化表达，塑造个性消费；消费者认为 DE 是阿胶的行业龙头，也是最著名的阿胶品牌，购买 DE 会给人感觉不一样；消费者表示 GX 的包装走的是复古路线，看起来很有品位，让人很有面子。正宗品牌帮助顾客找到群体归属主要体现在让顾客感受到社群的接纳、产生社群联想、形成社群归属、享受社群氛围、产生愉悦感等方面。例如，消费者觉着来天津玩，只有吃了正宗的 GX 麻花才像是来了天津；消费者觉得 DE 的产品价格挺贵的，使用了他们的产品感觉自己也高大上了；消费者认为 WJ 的广告做得太成功了，以至于在聚会吃火锅、烧烤时总想来点 WJ。

二、研究小结

在理论贡献方面，本子研究的研究结果能够为品牌正宗性的学术研究提供理论意义。本子研究的研究结论能够帮助学者们加深对品牌正宗性的系统化认知。学术界对品牌正宗性的研究甚少，已有研究多数侧重品牌正宗性的案例性描述或者对品牌真实性、老字号品牌、风土产品品牌等类似概念的探讨。这导致已有研究对品牌正宗性内涵的探讨较少，不利于深化对品牌正宗性的理解。本章探讨并揭示出了品牌正宗性的结构维度，研究结论能够为未来的研究提供理论借鉴，为后续研究奠定理论基础。此外，运用质性研究法对品牌正宗性的结构维度展开探讨不仅能够加深对品牌正宗性的理解，还为品牌正宗性研究在研究方法方面提供了新的思路。质性研究方法能够通过对现象的详细梳理和总结，得出更具有指导性意义的研究结果。本章用扎根理论的研究方法对品牌正宗性的构成维度进行了探索性研究，研究结论为品牌正宗性打造的具体策略提供了理论指导。

在管理学启示方面，本章的结论能够为企业在社交媒体时代打造正宗品牌提供策略指导，提高企业品牌化建设的速度和效果。未来企业在进行品牌的正宗性建设方面可以从以下几个方面进行努力。首先，可以通过强化品牌在来源、技艺继承、传承的合法性等方面的优势来打造品牌的原生连续性，进而赋予品牌正宗特性。其中，品牌在来源优势的提升方面，企业可以从使用人无我有、人有我优的原料，采用历史悠久、独家配方、复杂的工艺，强化产地的独特以及保持原有口味、风格等策略入手。企业可以在社交媒体上使用引人入胜的文字和图片展示品牌的创始故事、背后的理念以及产品的起源，并利用吸引人眼球的图像和视觉元素展示产品的制造工艺、原料的来源。在技艺继承的优势打造方面，企业可以强调公司拥有工艺传承人、继了产品的配方、保持了产品的传统以及一直在持续地进行生产等。公司可以定期组织专题活动，如工艺传承周、传统手艺节等，利用微信短视频、快手等平台进行宣传，让更多人了解品牌的技艺传承优势。在继承合法的优势打造方面，在利用小红书、抖音等短视频平台进行宣传时可以不断强调公司的嫡传身份、在抖音或微博等平台上展示继承的证据、清晰描述传承的脉络以及获得传承的相关认证等。

其次，企业可以通过加深正宗理念的认知、形成俗成的正宗文化以及对企业进行准确定位等方面来打造品牌的文化建构性，进而赋予品牌正宗性。其中，企业正宗理念认知的提升可以通过正视正宗的重要性、加深对正宗性的了解、不断学习正宗性相关的知识、剖析企业正宗性建设的优劣势、对正宗性形成独到的见解等来实现。在形成俗成的正宗文化方面，企业可以从制定制度规范、将企业正宗文化理念融入企业文化中并通过宣传手段传递给员工、客户和社会，督促员工遵守正宗性建设的规则等方面进行努力。在进行准确的定位方面，企业可以从明确品牌受众、明确产品功能、清楚自己的角色定位以及维护传统文化等方面进行努力。

最后，在社交媒体时代，企业还可以通过提高品牌与顾客目标的一致性、帮助顾客进行自我表达、帮助顾客找到群体归属等打造品牌的顾客联结性，进而赋予品牌正宗性。其中，在提高品牌与顾客目标的一致性方面，企业可以利用社交媒体平台深入了解顾客需求和价值观，通过提升品牌功能与顾客需求、品牌包装与顾客身份、品牌价值观与目标顾客的价值观、品牌与消费者的习惯等的匹配度来达到这一目的。为更好地帮助顾客进行自我表达，企业可以从帮助顾客彰显个性、表明地位、显示品位、象征身份等方面进行努力。为更好地帮助顾客找到群体归属，企业可以在社交媒体上打造一个充满热情的社交空间。在社交媒体社群中，顾客能够感受到共同兴趣、价值观的连接，建立起对品牌社群的认同感，从而实现更深层次的群体归属。

第五章

品牌正宗性的影响因素及其影响结果：
基于消费者感知视角的研究

本章在前一章对品牌正宗性结构维度探索的基础上，根据已有研究，对品牌正宗性的内在规律进行了更进一步的探讨。通过文献研究，找出了品牌正宗性感知可能的影响因素及其影响结果，基于此构建出假设模型，并通过实证检验的方法对研究假设和模型进行验证，最终得出研究结论。

第一节 关键概念界定

概念的界定是学术研究的第一步，这是因为概念在不同的学科和情境中有着不同的含义，有必要对研究涉及的概念进行解释和说明。概念的界定主要是对研究中涉及的概念定义、内涵及其与其他概念的关系等进行介绍，这有助于加深对变量的理解，为研究的顺利进行奠定基础，为后续研究对变量关系的探讨提供方便。本节涉及的概念主要有品牌正宗性感知的内涵、品牌正宗性感知的影响因素、品牌正宗性感知的影响结果。

一、品牌正宗性感知的内涵

学者们对品牌正宗性的研究较少，对其概念的界定也较少。较为权威的定义将品牌正宗性定义为消费者对品牌产品本真性的感知能否与起源时相比保持稳定的特性，具体表现在品牌产品的原料、工艺、技术以及来源地等方面。学者们对品牌正宗性进行了较为具体的定义，然而其定义中用本真性来解释正宗性，这有一定的不准确性。这是因为学者们普遍将品牌本真性定义为品牌可信赖、诚实真挚且具有象征意义的特性。这些特性中，可信赖的特性指品牌能够让消费者相信其所传达信息的特性，如原料地道、工艺的传承、清晰的理念、悠久的历史等（Beverland，2006；Gundlach & Neville，2012；Schallehn et al.，2014；徐伟等，2015），这些实际上是品牌对消费者的承诺（Napoli et al.，2014），会让消费者对品牌产生信任（Beverland，2006），从而建立积极的情感联系。在社交媒体时代，学者们认识到在消费者和品牌之间建立积极的情感联系非常重要；这种信任被证明会影响产品对于顾客的可信度和消费者的幸福感（Loureiro et al.，2018），同时引发消费者强烈的情感表达意愿（Wang et al.，2021）。真诚性则是指品牌的行为与其作出的承诺是一致的特性，具体表现在品牌兑现承诺、完成使命以及非商业导向等（Bruhn et al.，2012；Eggers et al.，2013；Morhart et al.，2015）。象征性指品牌能够帮助消费者找到真实自我的特性，如消费者通过品牌的购买能够进行炫耀、怀旧、履行社会责任等（Harris，1975；Beverland，2005；Napoli et al.，2014），这可以使消费者获得积极的情感（Leigh et al.，2006），进而帮助他们实现真实的自我（Morhart et al.，2012）。因此，品牌真实性对于赢得顾客的信任和提升消费者忠诚度有积极的影响（Portal et al.，2018），并且有助于提升品牌价值、增进消费者体验。展示品牌真实性不仅有助于证明企业对于自身产品的信心，更能提升消费者对于品牌的信任（Hernandez-Fernandez & Lewis，2019），还能增加品牌资产水平（Vredenburg et al.，2020）。从学者们对品牌真实性的定义可以看出，品牌真实性与品牌正宗性有一定的相似之处，但是本质上存在差别，属于两个不同的概念。学者对品牌正宗性的这一定义也存在不准确的地方，因此有必要对品牌正宗性进行重新定义，为后续研究的顺利进行奠定基础。

　　基于此，本书在已有研究的基础上，结合企业品牌建设的现象，对品牌正宗性这一概念进行定义。品牌正宗性是指品牌在原料、工艺继承、文化建设等方面具有优势且与同类品牌相比更具代表性的特性。从这一定义可以看出，品牌正宗性主要体现在以下几个方面。首先，原料的使用方面具有独特性。品牌正宗与否往往是比较出来的，消费者只有在体验了原产地或者是最初起源的品牌产品之后，才会对这类产品形成一定的认识；当消费者遇到同类产品时，就根据之前积累的认知对其进行比较，进而做出正宗与否的判断。消费者在进行判断时，产品使用的原料是否质优、是否来源于原产地等因素都会被作为参考。其次，品牌的正宗性还体现在继承性方面。消费者在对品牌的正宗性进行判断时，往往还会考虑企业品牌是否继承了初创人或者企业的工艺、配方等，在专利法规还不健全时，产品的工艺、配方等往往是企业最机密的信息，谁拥有了它们就相当于拥有了整个企业。因此，在人们的思维定式中，企业是否继承了产品的工艺、配方等是判断企业品牌正宗与否的重要标准，而且还得考虑继承合法与否（即是否嫡传、血脉是否正统）。此外，品牌正宗性还体现在正宗文化的建设方面。消费者对品牌正宗与否的判断往往还受企业品牌正宗文化建设的影响，如企业对产品工艺的继承和保护、推广和创新等都会给消费者留下良好的印象，提升消费者对其正宗性的认识。

　　本书第四章对品牌正宗性的结构维度进行了深入的探讨，研究结果证明品牌正宗性由原生连续性、文化建构性、顾客联结性三个维度及其构成因子组成。其中，原生连续性由来源独特性、技艺继承性、传承合法性三个因子构成；文化建构性由理念认知性、文化俗成性、定位准确性三个因子构成；顾客联结性则由目标一致性、自我表达性、群体归属性三个因子构成。

　　品牌正宗与否的判断权掌握在消费者手中，因此企业品牌正宗性的塑造成功不成功最终还是需要消费者来进行感知和评价。基于此，本书将从顾客感知的视角对品牌正宗性的影响因素和影响结果进行深入的探讨。根据品牌正宗性的定义，将品牌正宗性感知定义为消费者对品牌在原料、工艺继承、文化建设等方面所具备的优势和代表性的感受和评价。同时，品牌正宗性感知的构成维度应包括消费者对品牌原生连续性、文化建构性、顾客联结性的感知，具体含义如下：

（一）原生连续性感知

品牌的正宗性是需要一定"天赋"的，所谓"天赋"是指品牌在来源、技艺的继承、传承的合法性等方面拥有的优势，这些统称为品牌的原生连续性。原生连续性感知是指消费者对品牌在来源、技艺继承、传承合法性等方面优势的感知。其中，来源方面的优势包括品牌产品的原料独特、工艺独特、产地独特以及口味风格一直不变等。技艺继承方面的优势包括企业拥有工艺的传承人、继承了产品配方、保持了产品的传统以及一直在持续地进行生产等。传承合法方面的优势则包括公司的嫡传身份、继承有证据、传承可追溯、传承被认可、有传承认证等。

（二）文化建构性感知

品牌正宗性的形成仅仅依靠先天条件是不够的，它还需要企业通过自己的努力，使品牌在正宗的文化特性方面获得竞争优势，这一特性就是品牌的正宗文化建构性。品牌在正宗文化建构性方面的优势体现在企业对正宗理念的认知、企业正宗文化的俗成以及企业正宗性定位的准确性等方面。其中，正宗理念认知方面的优势包括企业意识到正宗的重要性、对正宗性有一定理解、企业学习意识强、清楚正宗性建设方面的优劣势、对正宗性有独到见解等。正宗文化俗成方面的优势则体现在企业形成了共同的正宗文化、形成了制度规范、员工自觉遵守正宗性建设的惯例、自觉维护品牌等。正宗定位准确性方面的优势则体现在受众清晰、功能明确、角色定位清楚、有维护传统文化的意识等。

（三）顾客联结性感知

品牌正宗与否最终取决于顾客对品牌的评价，因此一个正宗的品牌还应体现出顾客与品牌之间的亲密联系，这一特性也就是顾客联结性。研究结果表明，正宗品牌的顾客联结性体现在品牌与顾客目标一致、品牌能够帮助顾客进行自我表达、顾客能够通过品牌找到群体归属等方面。顾客联结性感知是指消费者对品牌在品牌与顾客目标一致、品牌帮助顾客进行自我表达、顾客通过品牌找到群体归属等方面的感知。其中，目标一致体现在品牌功能与顾客需求相匹配、品牌包装与顾客身份相匹配、品牌价值观与目标顾客相匹配、品牌与消费者习惯相匹配等方面。品牌帮助顾客进行自我表达则体现在帮助顾客彰显个性、表明地位、显示品位、象征身份等方面。正宗品牌帮助顾客找到群体归属主要体现在让顾客感受到社群的接纳、产生社群联想、形成社群归属、享受社群氛围、产生愉悦感等方面。

二、品牌正宗性感知的影响因素

已有研究对品牌正宗性内涵的探讨还较少，对品牌正宗性感知形成的影响因素研究也处于探索阶段，可借鉴的研究结论较少。然而，品牌正宗性与品牌真实性的概念有一定的相似之处，已有研究对品牌真实性的影响因素展开了探讨。基于此，本书借鉴品牌真实性的影响因素研究，结合品牌正宗性的特殊情况，挖掘出品牌正宗性感知可能的影响因素。

Deibert（2017）指出品牌营销本身通常被认为是不真实的，人们普遍认同真实性作为一个概念的重要性，但其定义却没有达成一致（Becker et al.，2019）。消费者会使用各种线索来评估品牌的真实性（Grayson & Martinec，2004；Leigh et al.，2006；Beverland & Farelly，2010）。Morhart等（2015）根据线索理论提出了品牌真实性形成的影响因素，包括索引线索、存在线索以及标志线索。其中索引线索就是行为线索，包括企业丑闻、与企业品牌相一致的员工行为；标志线索则包括品牌传播过程中注重根源以及美德的传播。基于此，顾客感知到的品牌正宗性主要受企业信息传递效果的影响。顾客在对品牌的正宗性进行判断时，主要根据其接收到的信息得出结论，这些信息也就是 Morhart 等（2015）所说的不同线索。因此，品牌正宗性的影响因素包括顾客感知到的信息失真程度以及信息与品牌正宗性的相关程度。

消费者在进行真实性的判断时，会利用标志线索，标志线索具备能够反映示意图和个人内心图像匹配度的性质，它能够反映一个真实物体看起来应该是什么样的（Grayson & Martinec，2004）。在品牌语境中，标志线索是指企业的营销和促销线索，包括能够创造品牌本质印象的品牌广告、品牌设计等（Brown et al.，2003；Leigh et al.，2006）。企业可以通过这些沟通方式传递品牌的动机、手段和目的，以增加消费者的真实性感知。同样地，企业也能够通过各种沟通方式传递企业的社会责任感，以提升消费者对品牌道德感、责任感的认知，进而巩固其正宗性的品牌印象。因此，企业的社会责任感也可能是品牌正宗性的影响因素之一。

消费者在进行品牌正宗性的判断时，往往会依据自己的消费经验或者知识积累。消费者通常会将品牌所呈现的消费场景与其所认为的品牌使用场景进行匹配，匹配度高，消费者就会认为这个品牌是正宗的。例如，消费者在选择景德镇陶瓷时，品牌对使用景德镇陶瓷与高品位生活相结合、通过陶瓷的使用与历史进行对话等画面的展现都会提升消费者对品牌正宗性的感知。在川菜馆就餐时，店铺内展示四川当地特色的物品（如大熊猫玩偶、川剧脸谱）、表演川剧变脸等行为会让消费者感觉这是一个很正宗的川菜馆。因此，如果品牌所展示的消费情境与消费者认为的该类产品消费情境相匹配，消费者对该品牌正宗性的感知可能会有所提升。我们将这一影响因素简称为情境匹配度，即企业品牌营造的消费情境与顾客正宗消费心理的匹配程度。

综上所述，企业品牌信息与正宗性的相关程度（信息相关性）、品牌信息与正宗性的失真程度（信息失真度）、企业品牌的社会责任感（社会责任意识）以及企业品牌营造的消费情境与消费者正宗消费心理的匹配程度（情境匹配度）会对消费者感知到的品牌正宗性产生影响。其中信息相关性指企业向消费者传播的信息与正宗性的相关程度，信息失真度指企业违背正宗性要求的行为的多少或者行为的恶劣程度，社会责任感指企业在品牌建设过程中履行技艺传承、传统文化推广、文化创新等社会责任的表现状况，情境匹配度指企业品牌营造的消费情境与消费者正宗消费心理的联结程度。

三、品牌正宗性感知的影响结果

已有研究较少对品牌正宗性内涵进行探讨，这使得学界对消费者品牌正宗性感知形成的影响因素，以及品牌正宗性感知可能带来的影响结果尚不明确，相关研究暂处于探索阶段。虽然部分学者指出，品牌正宗性能够使品牌所有企业在产品优异性、独特性方面占据一定优势，由此提升消费者对企业品牌功能的评价，进而获得消费者对企业品牌的忠诚（Beverland，2006；蒋廉雄和朱辉煌，2012；杨晨，2017）。但对于品牌正宗性具体会带来怎样的影响，学界和业界尚不知悉。部分学者认为，消费者对品牌正宗性的感知将带来其积极的感受和行为反应，如消费者对正宗性品牌的口碑应该会更积极（Newman & Dhar，2014）。就品牌正宗性感知具体的影响结果方面，现有文献对品牌真实性影响结果的探讨能够为本书分析消费者品牌正宗性感知可能的影响结果带来启示。依据相关学者观点和分析逻辑，假设与品牌真实性感知类似，消费者品牌正宗性感知的形成同样会对其品牌态度和行为反应产生积极的影响（Rose & Wood，2005；Beverland & Farrelly，2010）。具体的影响结果主要集中在对消费者品牌依恋的认知态度和消费者积极口碑的行为反应两个方面。

在品牌正宗性感知对消费者认知态度的影响方面，Beverland（2005）认为消费者对品牌工艺传承、历史渊源、文化环境、配方独到、受众明确等要素的认知，可以帮助消费者加深对品牌内在和外在情况的了解，从而对品牌产生认同，进而唤起对品牌依恋的态度。品牌依恋指个体与品牌之间的一种情感联系（Fournier，1998）。Park 等（2010）、吴丽丽等（2017）认为品牌依恋表现在品牌—自我的联结性和品牌的显著性两方面，品牌—自我联结指品牌与自我认知的情感联系，品牌显著性指个人能够在多大程度上回想起对品牌的记忆和感受。依据徐伟等（2015）对老字号品牌真实性感知能够积极影响消费者对老字号品牌认同的观点，由原生连续、文化建构、顾客联结带来的对品牌正宗性的感知，同样会提升消费者对品牌的认同感，使消费者形成与正宗品牌间的情感联结。Morhart 等（2015）指出，品牌向消费者传递的技艺和文化传承、产品用料考究、诚实守信、不掺假不制假等属性能够提升消费者对品牌的依恋。由此可见，消费者可以通过品牌的顾客联结属性获得自我表达，对其身份产生认同感；通过品牌的文化建构属性获得品牌忠于自己、品牌为顾客着想的感知；通过品牌的原生连续属性获得品牌能以优良品质、优势技艺为其服务的感知，最终使消费者对品牌投入情感，形成品牌依恋。

在品牌正宗性感知对消费者反应的影响方面，学者们的研究表明，品牌正宗性在影响消费者对品牌态度改变的同时，可能对其行为反应带来影响。本书根据品牌正宗性的特点，结合品牌真实性的相关研究，将消费者积极口碑作为品牌正宗性感知的影响结果。消费者对品牌正宗性的感知会提升消费者对品牌的积极口碑。口碑传播是一种消费者针对特定商品或服务的使用、特征等与其他消费者进行非正式沟通的行为（Westbrook，1987）。积极口碑则被定义为任何关于公司产品或服务的积极沟通，同时积极口碑被认为是一个关键的关系结果（Harrison-Walker，2001；Hennig-Thurau 等，2002）。积极口碑能够帮助企业吸引到新的客户，这有助于企业经济效益的增长，同时有助于减少现有客户的认知失调（Wangenheim，2005）。消费者对特定品牌的积极口碑建立在其对该品牌信任和良好态度的基础上（Zeithaml et al.，2002）。由品牌真实性理论观点可知，对品牌真实性的感知将为消费者在与品牌的互动过程中带来安全感（Chaudhuri et al.，2001），品牌的质量承诺、诚实守信、工艺传承、原料可靠等属性将唤起消费者对品牌的信任，进而触发消费者相应的积极行为（Napoli et al.，2014；Morhart et al.，2015）。基于此，消费者对品牌正宗性的感知可能会带来其对品牌的积极口碑。

第二节　研究假设与模型

本节以现有研究为基础，对相关变量的文献进行深入分析，构建起信息相关性、信息失真度、社会责任感、情境匹配度与品牌正宗性感知以及品牌正宗性感知与品牌依恋、积极口碑等变量之间的关系，并进行理论推导，进而提出研究假设和模型。

一、信息相关性、信息失真度等对品牌正宗性感知形成的影响

上一节通过文献的梳理，找出了品牌正宗性感知可能存在的影响因素。企业品牌信息与正宗性的相关程度（信息相关性）、品牌信息与正宗性的失真程度（信息失真度）、企业品牌的社会责任感（社会责任意识）以及企业品牌营造的消费情境与顾客正宗消费心理的匹配程度（情境匹配度）会对顾客感知到的品牌正宗性产生影响。下面对变量之间的关系进行深入的分析，并提出研究假设。

（一）信息相关性对品牌正宗性感知的影响

信息相关性指企业向消费者传播的信息与正宗性的相关程度，即在与消费者进行交流的过程中，企业向消费者传达的品牌正宗性信息的多少、信息与正宗性的关联程度。消费者对品牌正宗性的判断来自对品牌的印象，而消费者可以通过企业在社交媒体平台上的营销线索认识品牌的本质（Brown et al.，2003）。Morhart 等（2015）指出，消费者会通过标志性的线索对品牌的真实性进行判断，消费者在接收到了标志性的线索之后，会对与某事物相关的信息与该事物在自己心目中应该的样子进行匹配（Grayson & Martinec，2004）。Beverland 等（2008）指出，品牌在传播过程中可以通过利用社交媒体平台重点突出品牌的历史性、继承性、地方性等特征

的方式，展现其真实的品牌形象。与品牌真实性相似，在社交媒体时代企业在品牌传播过程中也应该重点突出与正宗相关的信息，如品牌产品原料的独特、工艺的继承、文化的建设等，通过视频和故事性的内容进行传达，引发消费者的情感共鸣。消费者在接收到这些信息后，会对这些信息与消费者积累的正宗性知识进行匹配，匹配度高，消费者就会认为该品牌是正宗的。所以，企业向消费者传播的信息与正宗性的相关程度高会对消费者的品牌正宗性感知产生积极影响。基于此，本书提出如下假设：

H1：信息相关性对消费者的品牌正宗性感知有显著的正向影响。

（二）信息失真度对品牌正宗性感知的影响

信息失真度指企业违背正宗性要求的行为的多少或者行为的恶劣程度，具体来说就是企业在品牌传播的过程中，品牌传播的信息与实际行为的差别大小，如品牌原材料、历史传承、传承人等方面的丑闻就属于比较严重的信息失真。社交媒体为消费者提供了更多获取品牌信息的渠道，因此消费者会在社交媒体上对品牌提供的线索进行评估，以辨别这些线索的真假（Grayson & Martinec，2004；Leigh et al.，2006；Beverland & Farelly，2010）。消费者在品牌客观信息（如原产地、生产工艺）缺乏的情况下，会将企业的行为作为品牌信息来源（Morhart et al.，2015）。企业的丑闻（如财务、质量、生态等丑闻）则是行为信息的一种，企业丑闻会给消费者留下企业不负责任的印象（Gilmore & Pine，2007）。如果品牌陷入了丑闻，消费者就会认为它不遵守道德原则，把自身利益放在其他利益相关者利益之前，这会降低消费者对品牌真实性的感知（Morhart et al.，2015）。品牌丑闻是企业信息失真行为的一种，根据以上学者的观点，我们不难推断企业信息的失真也会对消费者的品牌正宗性感知产生不良影响。因此，企业在品牌传播的过程中，传播的信息与实际行为的差别越大，消费者感知到的品牌正宗性会越低。基于此，本书提出如下假设：

H2：信息失真度对消费者的品牌正宗性感知有显著的负向影响。

（三）社会责任感对品牌正宗性感知的影响

社会责任感指企业在品牌建设过程中履行技艺传承、传统文化推广、文化创新等社会责任的表现状况，这些表现往往会通过新闻、事件、广告等形式传播给消费者，消费者继而会产生相应的反应。已有研究以品牌真实性为研究主题，认为突出品牌的动机、手段和目的也能增加真实感（Morhart et al.，2015）。企业的这类行为特点主要是突出品牌的道德观（社会责任）、执行力、人文因素（对消费者的关心），目的是提升消费者的道德真实感。这一行为表明了品牌超越盈利能力和经济利益的承诺（Beverland et al.，2008）。徐伟等（2015）指出，企业关注公益、淡化商业色彩等行为能有效地提升消费者的品牌真实性感知，还能使消费者与品牌之间产生积极的联系，从而增强品牌权威性。根据这些研究，在社交媒体时代企业体现其社会责任感的行为也能够提升消费者对品牌的道德感知。社交媒体成为消费者获取信息和表达观点的主要平台，因此企业在与消费者的沟通过程中，利用社交媒体平台重点传播其注重传统文化的推广、传承非物质文化遗产、关注公益事业等信息的行为能够提升消费者对品牌道德感、责任感的认知，进而巩固其正宗性的品牌印象。因此，在社交媒体时代企业进行品牌建设过程中履行技艺传承、传统文化推广、文化创新等社会责任的表现状况较好，会提升消费者的品牌正宗性感知。基于此，本书提出如下假设：

H3：社会责任感对消费者的品牌正宗性感知有显著的正向影响。

（四）情境匹配度对品牌正宗性感知的影响

情境匹配度指企业品牌营造的消费情境与消费者正宗消费心理的联结程度。消费者在进行品牌正宗性的判断时，往往会结合自己的消费经验和知识，当品牌呈现的消费情境与消费者认为的品牌使用情境相匹配时，消费者就会认为它是正宗的。王乐（2011）指出，匹配情境的创造能够增强两者的互相认同，消除知识转移过程中的障碍。Dixon（2000）也认为知识发送方和知识接收方情境相似，知识转移的有效性也会提高。徐金发等（2003）指出在匹配的情境下，企业更容易实现知识的转移。在社交媒体时代，品牌建设的语境中企业向消费者进行品牌正宗性信息的传递实际上就是对知识的转移。在这一过程中企业想把其品牌的正宗特性传递给消费者，社交媒体作为信息传播的主要平台，就扮演了知识传递的重要角色，这时企业即为知识的发送方、消费者则为知识的接收方。企业和消费者的情境相匹配，企业的品牌正宗性信息更容易被消费者接受，此时消费者感知到的品牌正宗性更强烈。所以，当企业品牌营造的消费情境与消费者的正宗消费心理匹配度较高时，消费者对品牌的正宗性认知更强烈，如品牌定位与消费者品位的匹配、品牌展示信息与消费者正宗知识的匹配等。在社交媒体时代，消费者更加注重品牌与其生活方式和价值观的契合度。基于此，本书提出如下假设：

H4：情境匹配度对消费者的品牌正宗性感知有显著的正向影响。

二、品牌正宗性感知对品牌依恋、积极口碑的影响

在品牌正宗性给企业带来的作用方面，学术界基本达成了共识。正宗性的品牌在产品优异性和独特性方面具有优势，能够有效地提升消费者对品牌功能的评价，进而获得消费者的品牌忠诚（蒋廉雄和朱辉煌，2012；杨晨，2017）。这些研究应该可以说明品牌正宗性能够提升消费者对品牌的情感依恋以及消费者对品牌的评价。因此，品牌正宗性感知可能会对品牌依恋、积极口碑产生影响。

（一）品牌正宗性感知对品牌依恋的影响

品牌正宗性是消费者认为的品牌原料、产地、工艺等属性和起源时相比差别较少的一种稳定状态（蒋廉雄和朱辉煌，2012；Beverland，2006）。品牌正宗性指品牌在原料、工艺继承、文化建设等方面具有优势且与同类品牌相比更具代表性的特性。从这些定义可以看出，拥有品牌正宗性的品牌在竞争中更具优势。品牌依恋指个体与品牌的一种情感联系（Fournier，1995），其维度包括自我联结、感情和重要性。其中，自我联结指个人和品牌的关联性；感情指消费者对品牌的正面感受；重要性则包括品牌和个体关系的亲密程度、品牌能被消费者记起的容易程度（Japutra et al.，2014）。研究证明，如果企业花费大量精力对品牌真实性进行塑造，消费者就会以积极的回应来报答企业，其中就包括对品牌的情感依恋，即消费

者对一个品牌投入情感（Thomson et al.，2005）。Morhart等（2015）的研究也证明，品牌真实性能够提升消费者对品牌的依恋。品牌正宗性与品牌真实性有一定的相似处，拥有正宗特性的品牌会提升消费者对该品牌的功能评价，进而提升其对品牌的情感认同，并对品牌投入情感。因此，消费者对企业品牌正宗性的感知越强烈，消费者对该品牌的情感依恋更深。基于此，本书提出如下假设：

H5：消费者的品牌正宗性感知对品牌依恋有显著的正向影响。

（二）品牌正宗性感知对积极口碑的影响

品牌正宗性指品牌在原料、工艺继承、文化建设等方面具有优势且与同类品牌相比更具代表性的特性。消费者感知到了品牌的正宗性则说明消费者认可了品牌在原料、工艺、产地等方面的优势，此时消费者肯定会对品牌产生积极口碑。已有研究也证明品牌的正宗特性能够影响消费者对品牌的评价，蒋廉雄和朱辉煌（2010）、蒋廉雄等（2012）指出消费者对品牌正宗性的感知能够提升品牌功能评价。Morhart等（2015）也指出消费者可以通过品牌的象征属性获得品牌产品的详细信息进而对其身份产生认同感，此外，品牌的可信性、正直性以及连续性三个因素会让消费者获得品牌忠于自己、品牌为顾客着想的感知，最终使消费者对品牌产生积极口碑。由此可见，消费者对品牌正宗性的感知能够提升其对品牌的评价，品牌在原料、工艺继承、文化建设等方面的优势能够提高消费者对品牌产品的功能评价，消费者会在社交媒体上对品牌进行积极评价，进而对品牌形成积极口碑。因此，消费者对企业品牌正宗性的感知越强烈，消费者越会对品牌产生积极口碑。基于此，本书提出如下假设：

H6：消费者的品牌正宗性感知对积极口碑有显著的正向影响。

基于上述分析，可得到品牌正宗性感知与变量关系的模型，如图5-1所示。

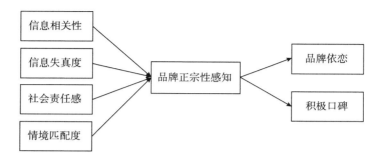

图 5-1　品牌正宗性感知影响因素及影响结果模型

第三节　量表开发与分析方法

为保证测量问卷的科学性，使研究结论更具可信度和有效性，参照 Churchill（1979）的建议进行问卷的设计。Churchill（1979）认为科学量表的设计应该按照以下几个步骤：首先，在已有文献的基础上，确定研究问题涉及的变量概念及其量表测项；其次，在量表设计完之后，进行预调查，征求业界专家学者的意见，以保证量表的内容效度；最后，对测项的内容进行优化，确定最终的问卷。

上一节对本书涉及的变量以及变量之间的关系进行了逻辑推演，并提出了研究模型。本节的实证研究主题是从顾客感知的视角探究品牌正宗性的影响因素及其影响结果，从研究模型图 5-1 可以看出，品牌正宗性感知的影响因素包括信息相关性、信息失真度、社会责任感以及情境匹配度。在品牌正宗性的内涵方面，本书第四章通过扎根理论的研究方法探明了其结构维度，即品牌正宗性由原生连续性、文化建构性、顾客联结性三个维度构成。品牌正宗性感知的影响结果包括品牌依恋、积极口碑。接下来，对研究涉及的变量测项选择进行详细的描述。

一、量表开发与问卷设计

从模型图 5-1 可以看出，本书涉及的变量包括信息相关性、信息失真度、社会责任感、情境匹配度、品牌正宗性感知、品牌依恋、积极口碑。接下来，根据现有文献以及第四章的研究结果对相关变量的概念展开探讨，最终确定变量的具体测项，为实证检验打下坚实的基础。

（一）量表开发

1. 信息相关性

信息相关性指企业向消费者传播的信息与正宗性的相关程度，即在与消费者进行交流的过程中，企业向消费者传达的品牌正宗性信息的多少、信息与正宗性的关联程度。Morhart 等（2015）认为消费者会通过标志线索对品牌的真实性进行判断，之后消费者会对接收到的信息与该事物在其心目中应该的样子进行匹配，进而做出判断（Grayson & Martinec，2004）。Beverland 等（2008）指出，品牌在传播过程中可以通过重点突出品牌的历史性、继承性、地方性等特征的方式，展现其真实的品牌形象。作者通过质性研究法找出了消费者感知到品牌真实的线索，具体包括为消费者提供真实的现场担保，如呈现工艺人员积极参与生产过程的照片、提供企业积极使用传统方法（传统设备、传统服饰、复古文字包装等）的信息；提供能够让消费者与过去联系在一起的信息，如使用传统产品的专用符号、与产地联系到一起等；提供能够让消费者感觉到精神层面的自我实现的信息，如小批量的生产、对工艺的热爱等。基于此，借鉴 Beverland 等（2008）研究中品牌真实性感知的信息影响因素，对品牌正宗性情境中信息相关性的测量量表进行设计，具体问项如表 5-1 所示。

表 5-1　对信息相关性的测量问项

编号	问项
XXXG1	该品牌经常传递其使用传统方法进行生产的信息

续表

编号	问项
XXXG2	该品牌产品使用了这类产品专用的包装、符号等
XXXG3	该品牌传递的信息能够让我想起该产品的原产地
XXXG4	该品牌传递的信息能够让我对该产品的工艺产生好感
XXXG5	该品牌传递的信息能够与同类品牌区别开来

2. 信息失真度

信息失真度指企业违背正宗性要求的行为的多少或者行为的恶劣程度，具体就是企业在品牌传播的过程中，品牌传播的信息与实际行为的差别大小。学者们认为企业在财务、质量、生态等方面的丑闻会给消费者留下企业不负责任的印象（Gilmore & Pine，2007）。Morhart 等（2015）也认为如果品牌陷入了丑闻，消费者就会认为它不遵守道德原则，把自身利益放在其他利益相关者利益之前，这会降低消费者对品牌真实性的感知。品牌丑闻是信息失真行为的一种，因此信息失真度也会影响消费者对品牌正宗性的感知。Wagner 等（2009）在对企业伪善行为与社会责任感的关系研究中，对企业言行不一的行为进行了量表设计，其研究的问项包括企业的表现情况、企业的所说和所做、企业把自己包装成它不是的样子、企业按照说的去做、企业信守承诺、企业付诸行动等。基于此，借鉴 Wagner 等（2009）、Morhart 等（2015）研究中的量表，对品牌正宗性情境中信息失真度的测量量表进行设计，具体问项如表 5-2 所示。

表 5-2　对信息失真度的测量问项

编号	问项
XXSZ1	该品牌传递虚假信息
XXSZ2	该品牌言行不一致
XXSZ3	该品牌实际形象与其宣传的形象反差大
XXSZ4	该品牌夸大其产品效果
XXSZ5	我听说过该品牌的丑闻

3. 社会责任感

社会责任感指企业在品牌建设过程中履行技艺传承、传统文化推广、文化创新等社会责任的表现状况。学者们指出品牌重点突出其道德观、社会责任、关注公益等能够提升消费者的道德真实感知，还能使消费者与品牌产生积极的联系（Morhart et al.，2015；徐伟等，2015）。根据学者们的观点，可以认为企业体现其社会责任感的行为也能够提升消费者对品牌的道德感知，进而增强其对品牌的正宗性感知。在社会责任感的测项方面，徐伟等（2015）在对老字号品牌真实性的研究中，将品牌关注社会公益、商业色彩不浓、保护传统文化等行为作为真实性的测量指标。Morhart等（2015）认为企业注重对品牌美德的宣传能够提升品牌的真实性，具体的美德包括给予、绝不人工添加、关爱等。Kadirov等（2014）指出企业要有社会观念，应该从道德和公共利益的角度出发来塑造品牌。由此，借鉴徐伟等（2015）、Morhart等（2015）以及Kadirov等（2014）研究中对企业真实性情境中社会责任感的定义、量表等，对品牌正宗性情境中社会责任感的测量量表进行设计，具体问项如表5-3所示。

表5-3　对社会责任感的测量问项

编号	问项
SHZR1	该品牌经常开展公益活动
SHZR2	在我印象中，该品牌的商业色彩淡
SHZR3	该品牌注重传统文化的保护
SHZR4	该品牌注重传统文化的宣传
SHZR5	该品牌产品生态环保

4. 情境匹配度

情境匹配度指企业品牌营造的消费情境与消费者对正宗品牌产品消费心理的联结程度。已有研究指出匹配的情境能够消除知识转移过程中的障碍，提高知识转移的有效性，最终实现知识的转移（王乐，2011；Dixon，2000）。根据相关研究的观点，当企业品牌营造的消费情境与消费者的正宗品牌产品消费心理匹配度较高时，消费者对该品牌的正宗性认知更为强烈。在情境匹配度的测量量表方面，俞秋霞（2014）从企业间的情境匹配出发，总结了 Lane 和 Lubatkin（1998）、Simonin（1999）所设计的情境匹配度相关问项，包括企业之间具有相匹配的战略目标、企业之间具有相匹配的企业文化、企业的管理模式相匹配、企业之间具有匹配的内部惯例等。基于此，借鉴俞秋霞（2014）、Lane 和 Lubatkin（1998）、Simonin（1999）研究中对情境匹配度的定义、量表等，对品牌正宗性情境中情境匹配度的测量量表进行设计，具体问项如表5-4所示。

表5-4　对情境匹配度的测量问项

编号	问项
QJPP1	该品牌与我的身份相符
QJPP2	该品牌能够满足我的功能需要
QJPP3	我认可该品牌宣扬的文化理念
QJPP4	该品牌产品和我对这类产品的认识相一致
QJPP5	我接受该品牌产品的价格

5. 品牌正宗性感知

第四章中运用扎根理论的研究方法对品牌正宗性的结构维度进行了深入的探讨，研究结果证明品牌正宗性由原生连续性、文化建构性、顾客联结性三个维度及其构成因子组成。其中，原生连续性由来源独特性、技艺继承性、传承合法性三个因子构成；文化建构性由理念认知性、文化俗成性、定位准确性三个因子构成；顾客联结性则由目标一致性、自我表达性、群体归属性三个因子构成。然而，品牌正宗与否的判断权掌握在消费者手中，品牌的正宗性塑造成功与否最终也还是需要消费者来进行感知和评价。从消费者的感知视角探讨品牌正宗性的影响因素和影响结果还有利于指导企业的实践，帮助企业明确品牌正宗性打造的注意事项，更好地实现正宗品牌化。因此，根据品牌正宗性的内涵可开发出消费者品牌正宗性感知的测量维度。根据已有研究内容，从原生连续性、文化建构性、顾客

联结性三个方面设计品牌正宗性感知的量表，每个主题设计三个问项进行
测量，具体的问项如表5-5所示。

表5-5　对品牌正宗性感知的测量问项

编号	问项
PPZZ1	该品牌产品的原料来源独特
PPZZ2	该品牌继承了优秀的技术工艺
PPZZ3	该品牌工艺的继承是合法的（即有继承的证据）
PPZZ4	该品牌对正宗性理论的认知深刻
PPZZ5	该企业内形成了俗成的正宗文化
PPZZ6	该品牌的定位准确
PPZZ7	该品牌能够满足我的消费目标
PPZZ8	使用该品牌能够帮助我彰显个性
PPZZ9	该品牌能够给我群体归属感

6. 品牌依恋

已有研究将品牌依恋定义为个体与品牌的一种情感联系（Algharabat，
2017），其维度包括自我联结、感情和重要性（Fournier，1998；Japutra
et al.，2014）。已有研究证明，如果企业花费大量精力在品牌真实性的塑
造上，消费者就会以积极的回应来报答企业，其中就包括对品牌的情感依
恋，即品牌的真实性能够提升消费者对品牌的依恋（Thomson et al.，
2005；Morhart et al.，2015）。基于此，品牌正宗性感知也会提升消费者
对品牌的依恋。在品牌依恋的测量量表方面，Thomson 等（2005）从情
感、热情和联结三个方面对品牌依恋进行了测量。其中情感方面的测项包
括喜爱、热爱、友好、平静，热情方面的测项包括热情、喜悦、吸引，联
结方面的测项包括联结、结合、依恋。Park 等（2010）则从品牌—自我联
结和品牌显著性两个方面对品牌依恋进行测量，具体指标包括品牌成为个
体的一部分、品牌与个体的关联、个体能否想起对品牌的感受、个体对品
牌的感受想起速度快。Loureiro 等（2012）则根据已有研究开发出了品牌

依恋的测量量表，具体包括品牌的可替代性、个体失去品牌的感受、个体对品牌的情感等。根据已有研究内容及以上学者的量表，结合品牌正宗性的特点设计出品牌依恋的测项，具体的问项如表 5-6 所示。

表 5-6　对品牌依恋的测量问项

编号	问项
PPYL1	该品牌成为了我的一部分
PPYL2	该品牌与我的联系大
PPYL3	该品牌无法被取代
PPYL4	如果不能拥有该品牌我会感到思念
PPYL5	我很依赖该品牌

7. 积极口碑

积极口碑被定义为任何关于公司产品或服务的积极沟通，同时积极口碑被认为是企业与消费者之间比较重要的关系结果（Harrison-Walker，2001；Hennig-Thura et al.，2002）。企业的口碑在社交媒体中意味着消费者之间关于品牌的在线互动（Seo & Park，2018）。积极口碑对于企业而言至关重要，这是因为它不仅能够帮助企业吸引到新的客户，实现企业经济效益的增长，还能减少现有客户的认知失调（Wangenheim，2005）。品牌正宗性感知会使消费者对品牌产生积极口碑。在积极口碑的量表设计方面，Zeithaml 等（1996）的研究测项包括我向其他人积极评价服务提供者、我向咨询我建议的人推荐该服务提供商、我鼓励朋友和亲戚与服务提供商进行交易。Price 和 Arnould（1999）的研究测项包括向和我请教的人进行推荐、对别人说品牌的好话、向别人推荐这个品牌。Wallace 等（2014）在对 Facebook "点赞" 行为与消费者态度关系的研究中设计了口碑的量表，具体包括我 "点赞" 是为了和我的朋友们谈论这个品牌、我 "点赞" 是因为它完善了我在 Facebook 上的个人资料、我 "点赞" 是为了传播这个品牌的好口碑、我在网上给了这个品牌很多正面的口碑、我在 Facebook 上向朋友和家人推荐这个品牌。根据已有研究内容，借鉴以上学者的量表设计出积极口碑的测项，具体的问项如表5-7所示。

表5-7　对积极口碑的测量问项

编号	问项
JJKB1	我高度评价该品牌
JJKB2	我认可该品牌
JJKB3	我向其他人赞扬该品牌
JJKB4	我向寻求我建议的人推荐该品牌
JJKB5	我主动向亲朋好友推荐该品牌

（二）问卷设计

前文已经对相关变量进行了量表设计，变量中信息相关性、信息失真度、社会责任感、情境匹配度、品牌依恋、积极口碑等的测项主要来源于已有文献，品牌正宗性感知的测项则是根据第四章的研究结果进行设计的。问卷的问项如表5-8所示。接下来，在预调研的基础上对问卷进行修正。

表5-8　本书问卷问项

变量	序号	问项	来源
信息相关性	1	该品牌经常传递其使用传统方法进行生产的信息	Beverland 等（2008）
	2	该品牌产品使用了这类产品专用的包装、符号等	
	3	该品牌传递的信息能够让我想起该产品的原产地	
	4	该品牌传递的信息能够让我对该产品工艺产生好感	
	5	该品牌传递的信息能够与同类品牌区别开来	
信息失真度	6	该品牌传递虚假信息	Wagner 等（2009）Morhart 等（2015）
	7	该品牌言行不一致	
	8	该品牌实际形象与其宣传的形象反差大	
	9	该品牌夸大其产品效果	
	10	我听说过该品牌的丑闻	

续表

变量	序号	问项	来源
社会 责任感	11	该品牌经常开展公益活动	徐伟等（2015） Morhart 等（2015） Kadirov 等（2014）
	12	在我印象中，该品牌的商业色彩淡	
	13	该品牌注重传统文化的保护	
	14	该品牌注重传统文化的宣传	
	15	该品牌产品生态环保	
情境 匹配度	16	该品牌与我的身份相符	俞秋霞（2014） Lane 等（1998） Simonin（1999）
	17	该品牌能够满足我的功能需要	
	18	我认可该品牌宣扬的文化理念	
	19	该品牌产品和我对这类产品的认识相一致	
	20	我接受该品牌产品的价格	
品牌正宗性 感知	21	该品牌产品的原料来源独特	本研究 第四章结论
	22	该品牌继承了优秀的技术工艺	
	23	该品牌工艺的继承是合法的（即有继承的证据）	
	24	该品牌对正宗性理论的认知深刻	
	25	该企业内形成了俗成的正宗文化	
	26	该品牌的定位准确	
	27	该品牌能够满足我的消费目标	
	28	使用该品牌能够帮助我彰显个性	
	29	该品牌能够给我群体归属感	
品牌依恋	30	该品牌成为了我的一部分	Park 等（2010） Loureiro 等（2012）
	31	该品牌与我的联系大	
	32	该品牌无法被取代	
	33	如果不能拥有该品牌我会感到思念	
	34	我很依赖该品牌	
积极口碑	35	我高度评价该品牌	Zeithaml 等（1996） Price 等（1999） Wallace 等（2014）
	36	我认可该品牌	
	37	我向其他人赞扬该品牌	
	38	我向寻求我建议的人推荐该品牌	
	39	我主动向亲朋好友推荐该品牌	

二、预调研与量表修正

本书的品牌正宗性感知内涵的量表是在第四章品牌正宗性的结构维度

基础上开发而来，品牌正宗性感知影响因素、影响结果的量表则是在已有研究的基础上演变而来，需要通过预调研对量表进行修正，这样才能保证量表的科学性。而且，预调研可以通过了解被调查者的反馈对问项的逻辑、结构、表述等进行检测，进一步提高量表的准确性。

　　基于此，通过发放问卷对量表进行初步的检测。预调研总共收回了有效问卷76份，这76份样本主要是研究者利用自己的资源，通过微信、QQ、邮箱等方式进行问卷的发放和收集。在样本的统计学特征方面，这些样本在性别方面分布较平衡。在年龄、学历、收入、职业等方面，由于研究者的朋友圈多数为学生或刚入职者，所以样本年龄偏年轻、学历较高、收入不高，但是样本的这些特征对研究结果的影响应该不大。在正宗品牌消费方面，样本均表示有相关消费经历。因此，可以认为预调研的样本在统计学特征方面有意义。接下来利用SPSS 21.0对收回的数据展开分析。

　　（一）信度分析

　　实证分析中，对量表可信度的分析主要是通过对问项的Cronbach's α 值进行分析的方法，研究者需要根据数值与校准值进行比对，进而对量表进行修正。Peterson（1994）认为，如果量表的Cronbach's α 值大于0.7，就说明量表具有良好的内在一致性。此外，还应该删除影响量表整体信度的不合格问项，被删除的问项一般符合问项总相关系数小于0.4、删除该问项后Cronbach's α 值显著增加两个特点（卢纹岱，2002）。信度分析结果如表5-9所示。

表 5-9　预调研信度分析

概念	编号	修正问项总相关系数	删除项后的Cronbach's α 值	是否保留	修正后的编号
信息相关性（$\alpha = 0.760$）	XXXG1	0.549	0.711	是	XXXG1
	XXXG2	0.475	0.736	是	XXXG2
	XXXG3	0.473	0.732	是	XXXG3
	XXXG4	0.595	0.692	是	XXXG4
	XXXG5	0.553	0.709	是	XXXG5

续表

概念	编号	修正问项总相关系数	删除项后的 Cronbach's α 值	是否保留	修正后的编号
信息失真度 (α=0.805)	XXSZ1	0.606	0.745	是	XXSZ1
	XXSZ2	0.636	0.751	是	XXSZ2
	XXSZ3	0.644	0.749	是	XXSZ3
	XXSZ4	0.672	0.758	是	XXSZ4
	XXSZ5	0.475	0.729	是	XXSZ5
社会责任感 (α=0.853)	SHZR1	0.579	0.847	是	SHZR1
	SHZR2	0.666	0.823	是	SHZR2
	SHZR3	0.684	0.819	是	SHZR3
	SHZR4	0.668	0.823	是	SHZR4
	SHZR5	0.742	0.802	是	SHZR5
情境匹配度 (α=0.782)	QJPP1	0.412	0.694	是	QJPP1
	QJPP2	0.647	0.638	是	QJPP2
	QJPP3	0.543	0.688	是	QJPP3
	QJPP4	0.540	0.689	是	QJPP4
	QJPP5	0.460	0.718	是	QJPP5
品牌正宗性感知 (α=0.818)	PPZZ1	0.412	0.812	是	PPZZ1
	PPZZ2	0.615	0.787	是	PPZZ2
	PPZZ3	0.631	0.785	是	PPZZ3
	PPZZ4	0.491	0.803	是	PPZZ4
	PPZZ5	0.419	0.811	是	PPZZ5
	PPZZ6	0.606	0.792	是	PPZZ6
	PPZZ7	0.313	0.828	否	
	PPZZ8	0.633	0.795	是	PPZZ7
	PPZZ9	0.609	0.789	是	PPZZ8
品牌依恋 (α=0.850)	PPYL1	0.706	0.806	是	PPYL1
	PPYL2	0.749	0.794	是	PPYL2
	PPYL3	0.633	0.826	是	PPYL3
	PPYL4	0.576	0.840	是	PPYL4
	PPYL5	0.636	0.825	是	PPYL5

续表

概念	编号	修正问项总相关系数	删除项后的Cronbach's α 值	是否保留	修正后的编号
积极口碑 （α=0.752）	JJKB1	0.723	0.622	是	JJKB1
	JJKB2	0.378	0.829	否	
	JJKB3	0.741	0.619	是	JJKB2
	JJKB4	0.709	0.634	是	JJKB3
	JJKB5	0.618	0.673	是	JJKB4

从表 5-9 可以看出，量表中各变量的 Cronbach's α 值都达到了 0.7 以上。各问项修正后的总相关系数显示，预调研中有两个问项（PPZZ7、JJKB2）没有达到大于 0.4 的标准，将其删除后变量的 Cronbach's α 值明显增加，因此将这两个问项进行删除。

（二）效度分析

采用探索性因子分析的方法对量表的效度进行检验。在因子分析之前，需要计算量表的 KMO 值（应该大于 0.6）、Bartlett 检验卡方值（应该显著）。通过计算，研究量表的 KMO 值（0.894）与 Bartlett 检验卡方值（p=0.00，<0.05）均符合标准，所以能够展开因子分析。接着，研究者对量表进行因子分析。具体操作中，运用主成分分析法、最大方差法对因子进行提取，特征值的标准为 1，分析结果如表 5-10 所示。结果表明，除了两个测项（XXSZ5、PPZZ6）出现了交叉被删除外，其余各问项的因子载荷都大于 0.5，解释方差百分比也高于 50% 的标准值。最后，在预调查的基础上对问项进行修正，形成正式的调查问卷，正式调查问卷见附录。

表 5-10　预调研因子分析结果

问项	因子 1	因子 2	因子 3	因子 4	因子 5	因子 6	因子 7
XXXG1	0.729						
XXXG2	0.604						
XXXG3	0.742						

问项	因子 1	因子 2	因子 3	因子 4	因子 5	因子 6	因子 7
XXXG4	0.651						
XXXG5	0.744						
XXSZ1		0.729					
XXSZ2		0.705					
XXSZ3		0.679					
XXSZ4		0.729					
SHZR1			0.732				
SHZR2			0.772				
SHZR3			0.763				
SHZR4			0.794				
SHZR5			0.770				
QJPP1				0.641			
QJPP2				0.717			
QJPP3				0.671			
QJPP4				0.686			
QJPP5				0.719			
PPZZ1					0.632		
PPZZ2					0.663		
PPZZ3					0.653		
PPZZ4					0.745		
PPZZ5					0.688		
PPZZ7					0.630		
PPZZ8					0.582		
PPYL1						0.700	
PPYL2						0.714	
PPYL3						0.731	
PPYL4						0.675	
PPYL5						0.663	
JJKB1							0.786
JJKB3							0.875

续表

问项	因子1	因子2	因子3	因子4	因子5	因子6	因子7
JJKB4							0.774
JJKB5							0.705

注：抑制绝对值<0.50，总方差解释62.223%。

三、分析方法选择

本章主要是在第四章对品牌正宗性结构维度的扎根访谈基础上，通过文献的阅读构建出品牌正宗性感知的影响因素及影响结果模型，最后使用实证研究的方法对研究假设和模型进行检验。模型首先对信息相关性、信息失真度、社会责任感、情境匹配度与消费者品牌正宗性感知的关系进行了探讨，其次对消费者品牌正宗性感知和品牌依恋、积极口碑的关系进行了检验。其中信息相关性、信息失真度、社会责任感、情境匹配度为自变量，消费者品牌正宗性感知为因变量，品牌依恋、积极口碑为品牌正宗性感知的效标变量。具体操作过程为：首先根据问卷调查收回的数据，分析变量的信度、效度；其次通过结构方程模型对自变量、因变量、效标变量之间的关系进行验证；由于第三章已经介绍了信度、效度检法，最后主要介绍结构方程模型的分析方法。

（一）结构方程模型简介

结构方程模型是一种线性统计建模技术，它在心理学、教育学、管理学等人文社科领域的研究中广泛被使用（郭志刚，1999）。在社会科学的学术研究中，通常面临着证明事物之间因果关系的问题，然而社会科学研究中很难用直观的方法对这些问题进行分析，传统的执行研究法在这类研究中有着一定的局限性。结构方程模型则弥补了人文社科领域传统研究方法的这些局限，这种方法可以对无法直接观测的变量进行测量，并验证这些变量之间的关系。本书需要探明的是信息相关性、信息失真度、社会责任感、情境匹配度对消费者品牌正宗性感知的影响以及品牌正宗性感知对品牌依恋、积极口碑的影响两个问题，这两个问题分别属于多个自变量对

125

一个因变量、一个自变量对多个因变量的研究，同时这些研究中的变量都无法直接展开测量。基于此，在适当部分运用结构方程模型的分析法对研究假设进行验证。

具体来说，首先，运用结构方程模型分析中的变量协方差矩阵对变量之间的关系进行检验。本书中的信息相关性、信息失真度、社会责任感、情境匹配度、品牌正宗性感知、品牌依恋、积极口碑等变量利用传统的社会科学研究方法是很难进行测量的，类似这种很难直接观测或测量的变量被称为潜变量。要想对这些潜变量进行分析，要将它们转变为能够进行直接测量的外显变量。例如，通过原生连续性、文化建构性、顾客联结性三个指标对消费者品牌正宗性感知进行测量，目的就是将难以直接测量的品牌正宗性感知进行直观化，为后续变量间关系的探讨奠定基础。

其次，传统的统计方法往往只允许因变量存在误差，自变量是不允许存在误差的。然而在实际研究中，不管是自变量还是因变量都难以避免误差的存在。在回归方程的分析中，如果自变量和因变量都无法准确测量，那么两者之间的关系就无法检验，这是因为若回归模型中自变量包含误差，其参数会发生偏差（周涛和鲁耀斌，2006）。而结构方程模型则能够帮助研究者对包含了误差的潜变量进行关系验证，这种研究方法得出来的结论往往更切合实际，其科学性和严谨性也更高（侯杰泰和成子娟，1999）。

（二）结构方程模型的结构

结构方程模型包括结构方程和测量方程，其中结构方程解释了潜变量与潜变量的关系；测量方程则对潜变量和它的测量指标的关系进行了检测（Anderson & Gerbing，1989）。潜变量与其测量指标的关系用测量模型可以表示如下：

$$x = \Lambda_x \xi + \delta \tag{5-1}$$

$$y = \Lambda_y \eta + \varepsilon \tag{5-2}$$

式中，x 为由外生指标构成的向量，y 为由内生指标构成的向量；ξ 为外生潜变量，η 为内生潜变量；Λ_x 为外生指标和外生潜变量的关系，其关系质量可以因子负荷矩阵得到反映；Λ_y 为内生指标和内生潜变量的关系；δ 为外生指标 x 的误差项，ε 为外生指标 y 的误差项。上面的公式反映的是潜变量和它的构成指标的关系，潜变量和潜变量的关系可以用如下公式来表示：

$$\eta = B\eta + \Gamma\xi + \zeta \tag{5-3}$$

式中，B 为内生潜变量之间的关系，Γ 为外生潜变量 ξ 对内生潜变量 η 的影响，ζ 为结构模型中的残差项，也就是方程中没有被解释的部分。通过这个公式，我们可以知道 8 个基本参数矩阵构成了完整的结构方程模型，这些参数分别是 Λ_x、Λ_y、B、Γ、Φ、Ψ、θ_ε、θ_δ。其中，Λ_x、Λ_y、B、Γ 的定义已经进行了解释，Φ 为外生潜变量 ξ 的方差协方差矩阵，Ψ 为残差项 ζ 的方差协方差矩阵，θ_ε 和 θ_δ 则分别为显变量 x 和 y 误差项的方差协方差矩阵。它们的关系可以用图 5-2 来表示。

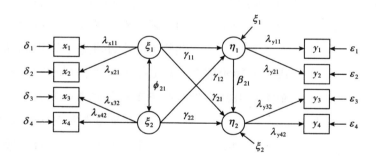

图 5-2 结构方程模型

资料来源：周涛和鲁耀斌（2006）。

（三）结构方程模型的参数估计和评价

在参数估计方面，相关的方法包括最大似然法、不加权最小二乘法、广义最小二乘法等，这些方法各有优劣势。研究中常用的参数估计法包括最大似然估计法和广义最小二乘法。同时，结构方程模型分析中需对模型进行评价，在实际操作中，主要从模型的内部拟合度、整体拟合度以及基本拟合度几方面进行检验。其中，模型的内部拟合度检验是对研究模型的内部质量进行评价，涉及的指标包括测项信度、潜变量的组合信度和平均方差萃取值。模型的整体拟合度检验则是对研究模型外部质量的评价，指研究数据与研究模型的契合度，过程中涉及绝对拟合度指标、相对拟合度指标以及简约拟合度指标。绝对拟合度指标包括卡方值（X^2）、标准残差平方根（SRMR）、拟合优度指数（GFI）、修正的拟合优度指数（AGFI）以及近似误差平方根（RMSEA）等。相对拟合度指标则包括本特勒—波内特规范拟合指数（NFI）、非标准拟合指数（TLI）和比较拟合指数（CFI）等。简约拟合优度检验的指标则包括简约拟合优度指数（PGFI）和简约规范拟合指数（PNFI）等。拟合度主要通过显著性和合理性检验进行衡量。需要注意的是，结构方程模型的拟合度高说明研究数据与假设模型的匹配度高。

（四）结构方程模型的应用

结构方程模型的使用可以分为两个阶段，两个阶段又可以分为七个步骤。结构方程模型的第一个阶段是发展阶段，分为模型的构思、设计以及识别三个步骤。第一步是模型的构思，研究者在构建模型之前需要对研究问题涉及的理论有正确的理解，进而准确地辨别变量之间的关系，这是因为结构方程模型探究的是变量之间的因果关系，而变量间关系的检验需要研究者以正确的理论理解为前提。第二步则是模型的设计，研究者需要通过对理论的理解设计出初始的模型，接着利用收集到的数据对模型的研究假设进行检验，然后根据检验结果评价模型，并对模型进行修正，最终得到一个科学合理的模型。第三步则是对模型进行识别，这一步是结构方程模型检验的重要一步，这是因为如果模型无法被有效识别，各参数的估计值也就无法得出。在操作中，当模型无法识别时，解决的办法是对初始模型进行修改或者是追加限制条件。

模型评价则是结构方程模型的第二阶段，这一阶段包括数据抽样与测量、参数估计、拟合度评价以及模型修改与评价几个步骤。第一步是模型的数据抽样和检测，研究者在第一阶段对初始模型进行了识别确认之后，需要根据模型中变量的测量对样本进行抽取，进而进行数据分析。第二步是模型的参数估计，这一步主要是通过研究数据对模型进行求解，求解就需要对结构方程模型的阐述进行估计。结构方程模型的整体模型拟合度检验的目的就是减小方差协方差与估计方差协方差的值的差异。第三步是对模型的拟合度进行估计和修正，前文已经对结构方程模型拟合度检验涉及的指标进行了介绍。在实际检验中，研究者不仅要看各指标值是否符合要求，还要注意各路径值是否具有理论上的合理性。当模型的拟合度较差或者不符合实际时，应该对模型进行修正，修正的方法主要包括设定误差项、增加结构参数等。第四步则是对模型进行评价，这一步主要是根据已有文献，对研究模型能否与数据匹配、模型能否解释研究问题做进一步的说明。具体操作中，研究者需要先检验模型的拟合度，然后对模型的整体拟合度进行检验。结构方程模型的具体应用步骤如图 5-3 所示。

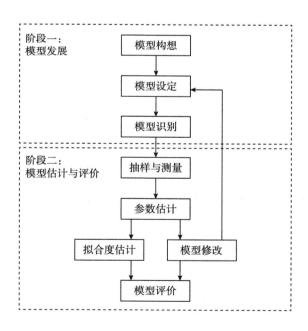

图 5-3 结构方程模型的具体应用步骤

四、问卷发放与回收

本书在预调研阶段对量表进行了检验和修正，研究者在此基础上设计出正式的调查问卷，问卷详细内容见附录。接下来，对正式问卷进行发放与回收，并对样本进行人口统计特征分析。

（一）问卷发放与回收

在问卷方法与回收的操作中，为尽可能多地获取样本，通过多种形式进行问卷的发放。首先是利用笔者和研究团队的资源，向同学、亲戚朋友、校友以及企业人员发送问卷，收回问卷 147 份；其次是在街头、图书馆、会场等场合，向陌生人发放问卷，收回问卷 121 份；最后是利用 QQ 群、微信群、问卷星等网络资源，通过发放报酬（红包）的方式对群内人员进行问卷调查，收回 158 份。通过这几种方式，共收回了有效问卷426 份。

（二）人口统计特征

为检验样本的合理性，根据收回的有效问卷对样本进行了描述性统计分析。有效样本（N=426）的描述性统计结果如表 5-11 所示。从表中可以发现，问卷调查的对象男女占比较平均；在年龄结构方面，被调查者以青年人为主；被调查的学历普遍较高，本科生、研究生的比例较高；在收入方面，由于被调查者有不少在读学生，收入普遍在中等水平，这项主要是为了证明被调查者有一定的消费能力；在职业分布方面，在读学生不少，但是这些学生主要是本科生、研究生，他们的消费经验较多、也具备一定的消费能力，因此职业分布方面较为合理。总的来说，问卷调查的样本较合理，在统计学意义上基本符合要求。

表 5-11　样本的描述性统计结果

基本信息	分类	数量（人）	占比（%）
性别	男	231	54.2
	女	195	45.8

续表

基本信息	分类	数量（人）	占比（%）
年龄	20 岁及以下	67	15.7
	21~30 岁	205	48.1
	31~40 岁	98	23.0
	41~50 岁	31	7.3
	50 岁以上	25	5.9
学历	高中（含中专）及以下	41	9.6
	大专	93	21.8
	本科	156	36.6
	硕士研究生	72	16.9
	博士研究生	64	15.1
月收入	3000 元以下	149	35.0
	3000~5000 元	127	29.8
	5000~7000 元	88	20.7
	7000~10000 元	38	8.9
	10000 元以上	24	5.6
职业	企业人员	164	38.5
	事业单位人员（含公务员）	85	19.9
	在读学生（含硕、博）	131	30.8
	其他	46	10.8

第四节 实证检验与假设验证

在完成了量表的开发和修正、数据的收集工作之后，可通过实证检验的方法对研究假设进行验证。接下来，将系统地对数据进行分析，通过实证检验的结果对研究假设进行探讨，并根据研究结果总结出理论和实践启示。

一、变量的描述性统计分析

在问卷发放与回收之后，研究者对数据进行了录入和整理。实证检验的第一步是对量表中的问项进行描述性统计分析。为更好地观察变量情况，主要分析了描述性统计中的均值、标准差。其中，均值指问项的平均得分情况，标准差则显示了各问项分值的离散程度。分析结果如表5-12所示。

表5-12　描述性统计分析结果

变量	测项	问项	均值	标准差
信息 相关性	XXXG1	该品牌经常传递其使用传统方法进行生产的信息	3.99	0.66
	XXXG2	该品牌产品使用了这类产品专用的包装、符号等	3.87	0.69
	XXXG3	该品牌传递的信息能够让我想起该产品的原产地	4.04	0.68
	XXXG4	该品牌传递的信息能让我对该产品工艺产生好感	3.98	0.67
	XXXG5	该品牌传递的信息能够与同类品牌区别开来	3.90	0.65
信息 失真度	XXSZ1	该品牌传递虚假信息	2.12	0.71
	XXSZ2	该品牌言行不一致	2.21	0.70
	XXSZ3	该品牌实际形象与其宣传的形象反差大	2.24	0.68
	XXSZ4	该品牌夸大其产品效果	2.26	0.69
社会 责任感	SHZR1	该品牌经常开展公益活动	3.15	1.03
	SHZR2	在我印象中，该品牌的商业色彩淡	3.10	0.99
	SHZR3	该品牌注重传统文化的保护	3.23	0.90
	SHZR4	该品牌注重传统文化的宣传	3.16	0.96
	SHZR5	该品牌产品生态环保	3.18	0.99
情境 匹配度	QJPP1	该品牌与我的身份相符	3.70	0.88
	QJPP2	该品牌能够满足我的功能需要	3.66	0.87
	QJPP3	我认可该品牌宣扬的文化理念	3.41	0.82
	QJPP4	该品牌产品和我对这类产品的认识相一致	3.56	0.84
	QJPP5	我接受该品牌产品的价格	3.35	0.93

续表

变量	测项	问项	均值	标准差
品牌正宗性感知	PPZZ1	该品牌产品的原料来源独特	3.51	0.927
	PPZZ2	该品牌继承了优秀的技术工艺	3.64	0.95
	PPZZ3	该品牌工艺的继承是合法的（即有继承的证据）	3.73	0.97
	PPZZ4	该品牌对正宗性理论的认知深刻	3.41	0.94
	PPZZ5	该企业内形成了俗成的正宗文化	3.57	0.91
	PPZZ6	使用该品牌能够帮助我彰显个性	3.41	0.97
	PPZZ7	该品牌能够给我群体归属感	3.46	0.89
品牌依恋	PPYL1	该品牌成为了我的一部分	3.48	0.83
	PPYL2	该品牌与我的联系大	3.47	0.80
	PPYL3	这个品牌无法被取代	3.46	0.84
	PPYL4	如果不能拥有这个品牌我会感到思念	3.40	1.01
	PPYL5	我很依赖这个品牌	3.45	0.88
积极口碑	JJKB1	我高度评价该品牌	3.90	1.07
	JJKB2	我向其他人赞扬该品牌	4.03	0.99
	JJKB3	我向寻求我建议的人推荐该品牌	3.87	0.96
	JJKB4	我主动向亲朋好友推荐该品牌	3.86	1.05

注：表中测项编号已依据正式问卷重新依次修正。

二、信度分析

通过对问项的 Cronbach's α 值进行分析的方式对量表的可信度进行检验。需要根据数值与校准值进行比对，进而对量表进行修正。Peterson（1994）认为量表变量的 Cronbach's α 值应该大于 0.7，否则研究者应该删除影响量表整体信度的不合格项。信度分析结果如表 5-13 所示，在品牌正宗性感知的影响因素和影响结果模型中，所有变量的 Cronbach's α 值都大于 0.7，说明研究量表信度水平较高。

表 5-13 信度分析结果

变量	Cronbach's α 值	问项数
信息相关性	0.775	5

变量	Cronbach's α 值	问项数
信息失真度	0.759	4
社会责任感	0.874	5
情境匹配度	0.835	5
品牌正宗性感知	0.859	7
品牌依恋	0.837	5
积极口碑	0.800	4

三、效度分析

在预调研阶段，对量表的效度进行了检验，探索性因子分析结果显示，因子结构较为合理。然而，由于研究量表演变自已有文献，部分量表则是本书研究开发而来的，需要对其效度做进一步的检验。效度检验包括内容效度分析和概念效度分析两个内容。

在内容效度方面，量表中信息相关性、信息失真度、社会责任感、情境匹配度、品牌依恋、积极口碑等的测项主要来源于已有文献，品牌正宗性感知的测项则是根据第四章扎根访谈的研究结果进行设计的。为保证量表的内容效度，量表设计过程中还积极向领域内学者以及企业界专家征求意见，并根据专家的意见对内容进行了修改和调整。

在概念效度方面，包括了收敛效度和判别效度两个内容。在收敛效度的检验方面，利用 AMOS 21.0 对其进行了分析，利用软件画出测量模型，并对整体模型进行验证性因子分析。验证结果为 $\chi^2/df = 3.74$；$p = 0.000$；$GFI = 0.95$；$AGFI = 0.92$；$CFI = 0.94$；$NFI = 0.93$；$TLI = 0.96$；$RMSEA = 0.06$。这说明模型拟合度较好。同时，还对因子载荷值、平均方差萃取值（AVE）进行了检验，结果如表 5-14 所示，除 QJPP5 和 PPYL2 两项之外，其他各问项的载荷值和 AVE 值都大于 0.5，达到了 Hair 和 Anderson（2006）推荐的标准值，各变量的维度模型都表现出良好的拟合度。

表 5-14　收敛效度检验

变量	测项编号	因子载荷值	AVE 值
信息相关性	XXXG1	0.75	0.503
	XXXG2	0.78	
	XXXG3	0.62	
	XXXG4	0.63	
	XXXG5	0.75	
信息失真度	XXSZ1	0.81	0.575
	XXSZ2	0.71	
	XXSZ3	0.74	
	XXSZ4	0.77	
社会责任感	SHZR1	0.70	0.586
	SHZR2	0.75	
	SHZR3	0.73	
	SHZR4	0.83	
	SHZR5	0.81	
情境匹配度	QJPP1	0.66	0.520
	QJPP2	0.71	
	QJPP3	0.77	
	QJPP4	0.74	
品牌正宗性感知	PPZZ1	0.80	0.591
	PPZZ2	0.78	
	PPZZ3	0.74	
	PPZZ4	0.73	
	PPZZ5	0.79	
	PPZZ6	0.76	
	PPZZ7	0.78	
品牌依恋	PPYL1	0.86	0.646
	PPYL3	0.87	
	PPYL4	0.79	
	PPYL5	0.68	

变量	测项编号	因子载荷值	AVE 值
	JJKB1	0.81	
	JJKB2	0.83	
积极口碑	JJKB3	0.73	0.575
	JJKB4	0.65	

　　在判别效度方面，通过模型中变量间的相关性进行分析，进而对变量是否有自相关进行判断。然后，根据 Fornell（1981）提出的基准值，对相关系数与 AVE 值的平方根进行比较，量表的判别效度最终得到了检验，检验结果如表 5-15 所示。检验结果显示，7 个变量中，各变量与其他变量的相关系数都小于该变量的 AVE 值的平方根，说明量表的判别效度得到了确认。

表 5-15　判别效度检验

变量	1	2	3	4	5	6	7
信息相关性	**0.709**						
信息失真度	0.534**	**0.758**					
社会责任感	0.080	0.21	**0.766**				
情境匹配度	0.050	0.026	0.450**	**0.721**			
品牌正宗性感知	0.023	0.036	0.468**	0.540**	**0.769**		
品牌依恋	0.100	0.070	0.298**	0.423*	0.573**	**0.804**	
积极口碑	0.018	0.012	0.525**	0.557**	0.563**	0.422**	**0.758**

注：表中对角线标注数据为概念信度 p 值，＊＊表示 p<0.01，＊表示 p<0.05。

四、假设检验与结果

　　在假设检验部分，主要对信息相关性、信息失真度、社会责任感、情境匹配度对品牌正宗性感知的影响以及品牌正宗性感知对品牌依恋、积极口碑的影响进行验证。研究假设的验证主要通过结构方程模型检验来实现。

（一）模型拟合度检验

假设验证的第一步是要对本书构建的信息相关性、信息失真度、社会责任感、情境匹配度、品牌正宗性感知、品牌依恋、积极口碑等变量关系模型进行拟合度检验。具体操作中，采用 AMOS 21.0 软件对模型拟合度进行检验，采用的是极大似然估计法，并根据各种指标的标准对模型拟合度情况进行判断。研究主要对 χ^2/df、RMSEA、GFI、CFI、TLI、PGFI、PNFI等的值进行判别，各指标的标准值则采用学者们的建议。模型拟合度检验各指标分析结果为：$\chi^2/\mathrm{df}=3.236$；$p=0.000$；$\mathrm{GFI}=0.945$；$\mathrm{AGFI}=0.916$；$\mathrm{CFI}=0.928$；$\mathrm{NFI}=0.933$；$\mathrm{TLI}=0.942$；$\mathrm{RMSEA}=0.073$。通过对指标值与标准值的对照可知，模型拟合度的各指标都达到了标准值，模型的拟合度较好，本书开发的品牌正宗性感知影响因素及影响结果模型较合理。

模型拟合度检验只能证明研究构建的模型与数据之间拟合度较高，但是并没有对研究假设进行验证。要想进一步确认模型中各变量之间的关系，还需要对模型做进一步的验证。因此，接下来将在模型拟合度检验的基础上，进一步验证变量关系。采用路径分析法对研究假设进行验证。

（二）假设验证

根据路径分析的方法，对品牌正宗性感知影响因素和影响结果模型中的六组假设关系进行了路径系数分析，分析结果如表 5-16 所示。从表中可以看出，研究假设都得到了验证，具体如下：首先是消费者品牌正宗性感知的值影响因素都得到了验证。其中信息相关性对消费者的品牌正宗性感知的正向影响作用得到了证实，其路径系数为 0.27（$t=6.926$，$p<0.001$）；信息失真度对品牌正宗性感知的负向影响作用得到了证实，其路径系数为 -0.24（$t=-5.864$，$p<0.001$）；社会责任感对消费者品牌正宗性感知的正向影响作用得到了证实，其路径系数为 0.20（$t=5.160$，$p<0.001$）；情境匹配度对消费者品牌正宗性感知的正向影响作用得到了证实，其路径系数为 0.25（$t=5.876$，$p<0.001$）。其次是消费者品牌正宗性

感知的影响结果都得到了验证。其中，消费者品牌正宗性感知对品牌依恋的正向影响作用得到了证实，其路径系数为 0.58（t=8.533，p<0.001）；消费者品牌正宗性感知对积极口碑的正向影响作用得到了证实，其路径系数为 0.28（t=7.414，p<0.001）。

表 5-16　假设验证结果

研究假设	路径系数	t 值（p 值）	检验结果
H1：信息相关性→品牌正宗性感知	0.27	6.926（***）	支持
H2：信息失真度→品牌正宗性感知	−0.24	−5.864（***）	支持
H3：社会责任感→品牌正宗性感知	0.20	5.160（***）	支持
H4：情境匹配度→品牌正宗性感知	0.25	5.876（***）	支持
H5：品牌正宗性感知→品牌依恋	0.58	8.533（***）	支持
H6：品牌正宗性感知→积极口碑	0.28	7.414（***）	支持

注：***表示 p<0.001。

五、研究小结

本章在第四章对品牌正宗性构成维度进行探索性研究的基础上，对品牌正宗性感知的影响因素和影响结果进行了更深一步的探讨。从消费者感知的视角对品牌正宗性形成的前因和后果进行探讨是因为品牌正宗与否的判断权掌握在消费者手中，在社交媒体时代企业品牌正宗性的塑造成功与否最终还是需要消费者来进行感知和评价。本书根据已有研究，构建出了品牌正宗性感知影响因素和影响结果模型，模型中信息相关性、信息失真度、社会责任感、情境匹配度是品牌正宗性感知的影响因素，品牌依恋、积极口碑则是品牌正宗性感知的影响结果，并根据模型提出了研究假设。接着，借鉴已有文献设计出了信息相关性、信息失真度、社会责任感、情境匹配度、品牌依恋、积极口碑等变量的测项，并在第四章研究结果的基础上设计出了品牌正宗性感知的测项，继而设计出了调查问卷。最后，运用问卷收回的数据对研究假设进行实证检验，验证结果显示，品牌正宗性感知的影响因素和影响结果假设都得到了确认。

本书通过实证检验，对品牌正宗性感知的影响因素和影响结果模型进行了假设验证。假设检验结果显示信息相关性、社会责任感、情境匹配度会对消费者的品牌正宗性感知产生正向影响，信息失真度则会对品牌正宗性感知产生负向影响；消费者的品牌正宗性感知会提升消费者的品牌依恋和积极口碑。

（一）信息相关性、信息失真度等对品牌正宗性感知的影响

研究假设检验结果显示，信息相关性、信息失真度、社会责任感、情境匹配度4个变量都对品牌正宗性感知有影响作用。其中，信息相关性、社会责任感、情境匹配度会对品牌正宗性感知产生正向影响，信息失真度则会对品牌正宗性感知产生负向影响。从路径系数大小来看，这4个影响因素中，信息相关性的路径系数最大（0.27），情境匹配度（0.25）次之，信息失真度第三（-0.24），社会责任感最小（0.20）。

路径系数大小说明，在品牌正宗性的塑造过程中，企业要尤其注重信息相关性方面的建设工作。信息相关性指在与消费者进行交流的过程中，企业向消费者传达的品牌正宗性信息的多少、信息与正宗性的关联程度。本书量表中，信息相关性的测项包括品牌使用传统方法进行生产的信息，专用的包装、符号等，原产地信息，工艺信息，区分性信息等。在实践中，企业可以通过传递与品牌正宗性相关的信息的方式赋予品牌正宗性。具体而言，企业可以采取使用传统方法进行生产、使用专用的产品包装或符号、强调品牌的原产地优势、传播产品的生产工艺等方式。

情境匹配度则是品牌正宗性感知的第二大影响因素，情境匹配度指企业品牌营造的消费情境与顾客正宗消费心理的联结程度。本书量表中，情境匹配度的测项包括该品牌与消费者身份相符、品牌满足消费者的功能需要、消费者认可品牌文化理念、符合消费者对品牌所属类别产品的认知等。在社交媒体的影响下，消费者对品牌的认知和期望更加多元化，因此在实践中企业需要特别关注如何在社交媒体上打造与消费者正宗消费心理

相匹配的消费情境。具体而言，企业可以采取利用社交媒体的数据信息明确目标客户，让品牌定位与目标群体的身份相匹配；产品尽可能满足目标客户的功能需要；在社交媒体平台上宣扬与目标客户所吻合的企业文化，通过故事性内容传递品牌的核心理念；满足消费者对品牌所属产品类别的要求等措施。

信息失真度则是品牌正宗性感知的另一个重要影响因素，与另外三个因素不同，信息失真度会对品牌正宗性感知产生负向影响。信息失真度指企业违背正宗性要求的行为的多少或者行为的恶劣程度。本书量表中，信息失真度的测项包括品牌传递虚假信息、言行不一致、形象不一致、夸大产品效果等。社交媒体为信息传播提供了广泛的平台，同时也加强了消费者对品牌信息的敏感度。在社交媒体时代，企业在实践中应该注意避免信息失真行为的发生。具体而言，企业应该诚实守信，向消费者传递真实的品牌信息；言必行，行必果；在社交媒体上不夸大宣传企业的形象，也不夸大宣传产品的效果，确保在社交媒体上传递的品牌信息真实可信，以建立积极的品牌形象。

社会责任感也是品牌正宗性感知的一个影响因素，社会责任感指企业在品牌建设过程中履行技艺传承、传统文化推广、文化创新等社会责任的表现状况。本书量表中，社会责任感的测项包括开展公益活动、淡化商业色彩、保护传统文化、宣传传统文化、注重生态环保。社交媒体的互动性和广泛传播的特点使得企业在实践中应更加注重具备社会责任感，并通过实际行动让消费者得到感知。具体而言，在社交媒体时代企业应该积极开展公益活动，保护好企业传承的传统文化并对其进行宣传推广，企业还应该在生产过程中注重生态环境的保护，进而可以在社交媒体上与消费者建立更为深厚的连接，提升其品牌正宗性的感知。

（二）品牌正宗性感知对品牌依恋、积极口碑的影响

研究假设检验结果显示，品牌正宗性感知对品牌依恋、积极口碑都有正向影响作用。其中，品牌正宗性感知对品牌依恋的积极影响最为明显。品牌依恋指个体与品牌的一种情感联系，它的维度包括自我联结、感情和

重要性。本书量表中，品牌依恋的测项包括品牌成为了我的一部分、品牌无法被取代、如果不能拥有品牌我会感到思念、我很依赖这个品牌。消费者对品牌的正宗性感知能够提升其对品牌的依恋，具体表现在品牌成为了消费者的一部分、无法离开品牌、品牌无法被取代等方面。

假设验证结果还表明，品牌正宗性感知对积极口碑有着正向影响作用。积极口碑指任何关于公司产品或服务的积极沟通。本书量表中，积极口碑的测项包括我高度评价该品牌、我向其他人赞扬该品牌、我向寻求我建议的人推荐该品牌、我主动向亲朋好友推荐该品牌。消费者感知到了品牌的正宗性之后，更倾向于在社交媒体上分享关于品牌的积极评价，进而会对品牌形成积极口碑，具体表现在高度评价品牌、向他人赞扬品牌、向他人推荐品牌等方面。

第六章
结论与展望

在社交媒体时代，消费者在购买过程中对品牌正宗性的关注日益增加，品牌正宗性建设也成为企业关注的重点。然而，学术界有关品牌正宗性研究的欠缺不利于实践的顺利进行。基于此，本书对品牌正宗性展开了深入的探讨。首先，采用定性研究中的质性研究法，选取成功的正宗品牌为对象，对企业人员、学者、消费者等展开扎根访谈，并根据收回的数据总结出品牌正宗性的结构维度。其次，在品牌正宗性内涵维度的探索性研究基础上，结合已有研究，构建出品牌正宗性感知的影响因素和影响结果模型、研究假设，并根据收回的问卷数据对假设进行验证，最终得出研究结论。本章以前五章的内容为基础，从整体上对研究结论进行总结和讨论。

第一节　研究结论与讨论

本节主要对第四章、第五章两个子研究的分析过程和研究结果进行总结和讨论。第四章根据扎根理论的研究方法对品牌正宗性的构成维度进行了探索性分析。研究结果显示品牌正宗性由原生连续性、文化建构性、顾客联结性三个维度及其构成因子组成。第五章对品牌正宗性感知的影响因素和影响结果进行了更深一步的探讨，研究结果确认了品牌正宗性感知的影响因素和影响结果。

一、研究结果

通过总结第四章、第五章的内容，研究结果主要包括：基于扎根理论的品牌正宗性构成维度的探索性分析结果；品牌正宗性感知的影响因素和影响结果实证分析结果。

（一）品牌正宗性的构成维度

第四章以 WJ、GX、DE、CC 4 个优秀的正宗品牌为对象，选取部分企业的中高层管理人员、相关领域专家学者、有正宗品牌消费经验的消费者等进行了深度访谈，通过二手资料收集获得了详细的数据资料。根据这些资料通过扎根理论的开放式编码、主轴编码、选择性编码三个步骤找出了品牌正宗性的构成维度。质性研究结果显示，品牌正宗性的构成维度由原生连续性、文化建构性、顾客联结性及其构成因子组成。

原生连续性是指品牌在来源、技艺的继承、传承的合法性等方面拥有的优势，这些优势也是品牌先天拥有的优势。扎根理论分析结果显示，品牌原生连续性主要体现在品牌的来源独特性、技艺继承性、传承合法性三个方面。其中，品牌的来源独特性主要体现在品牌产品的原料独特、工艺独特、产地独特以及口味风格一直不变等方面；技艺继承性主要体现在品牌拥有传承人、拥有传承的配方、保持传统工艺、持续生产产品等方面；传承合法性主要体现在品牌是嫡传的、品牌的继承有证据、品牌的传承可追溯、品牌的传承被认可、品牌拥有传承认证等方面。

文化建构性是指企业通过自己的努力，使品牌在正宗的文化特性方面拥有的竞争优势。扎根理论分析结果显示，品牌的文化建构性体现在企业的理念认知性、文化俗成性、定位准确性三个方面。其中，品牌在理念认知性方面的优势包括企业意识到正宗的重要性、对正宗性有一定理解、企业学习意识强、清楚正宗性建设方面的优劣势、对正宗性有独到见解等；文化俗成性方面的优势包括企业形成了共同的正宗文化、形成了制度规范、员工自觉遵守正宗性建设的惯例、自觉维护品牌等；定位准确性的优势包括受众清晰、功能明确、角色定位清楚、有维护传统文化的意识等方面。

顾客联结性是指顾客与品牌的联系亲密性。扎根理论分析结果显示，正宗品牌的顾客联结性体现在品牌与顾客目标一致、品牌能够帮助顾客进行自我表达、顾客能够通过品牌找到群体归属等方面。其中，目标一致体现在品牌功能与顾客需求相匹配、品牌包装与顾客身份相匹配、品牌价值观与目标顾客相匹配、品牌与消费者习惯相匹配等方面；自我表达性则体现在品牌能够帮助顾客彰显个性、表明地位、显示品位、象征身份等方面。群体归属性则体现在品牌能够让顾客感受到社群的接纳、产生社群联想、形成社群归属、享受社群氛围、产生愉悦感等方面。

（二）品牌正宗性感知的影响因素和影响结果

第五章基于第四章对品牌正宗性构成维度的探索，对品牌正宗性感知的影响因素和影响结果进行了更深一步的探讨。从消费者感知的视角对品牌正宗性形成的前因和后果进行了探讨。首先，根据已有研究，构建出了品牌正宗性感知影响因素和影响结果模型。模型中品牌正宗性感知的影响因素包括信息相关性、信息失真度、社会责任感、情境匹配度，品牌正宗性感知的影响结果则包括品牌依恋、积极口碑。根据模型提出了研究假设。其次，借鉴已有文献设计出了信息相关性、信息失真度等变量的测项，品牌正宗性感知的测项则是在第四章研究结果的基础上进行设计的，继而设计出了调查问卷。运用问卷调查法对数据进行了收集，并根据收回的数据对研究假设进行了实证检验，验证结果显示品牌正宗性感知的影响因素和影响结果假设都得到了确认。

本书的假设检验结果如表6-1所示，结果显示信息相关性、社会责任感、情境匹配度会对消费者的品牌正宗性感知产生正向影响，信息失真度则会对品牌正宗性感知产生负向影响；同时，消费者的品牌正宗性感知又会进一步提升消费者的品牌依恋和积极口碑。

表 6-1 品牌正宗性感知的影响因素和影响结果假设检验结果

编号	假设内容	假设检验结果
H1	信息相关性对消费者的品牌正宗性感知有显著的正向影响	支持
H2	信息失真度对消费者的品牌正宗性感知有显著的负向影响	支持
H3	社会责任感对消费者的品牌正宗性感知有显著的正向影响	支持
H4	情境匹配度对消费者的品牌正宗性感知有显著的正向影响	支持
H5	消费者的品牌正宗性感知对品牌依恋有显著的正向影响	支持
H6	消费者的品牌正宗性感知对积极口碑有显著的正向影响	支持

1. 品牌正宗性感知的影响因素

在社交媒体时代，品牌正宗性感知的影响因素方面的研究假设均得到了验证。首先，信息相关性对品牌正宗性感知的正向影响得到了验证。信息相关性指企业向顾客传播的信息与正宗性的相关程度，即在与消费者进行交流的过程中，企业向消费者传达的品牌正宗性信息的多少、信息与正宗性的关联程度。在社交媒体平台上，企业通过传播与品牌正宗性相关的信息，如品牌的历史、继承和地方性等，与消费者进行更紧密的互动。消费者在接收到这些信息后，会对这些信息与消费者积累的正宗性知识进行匹配，匹配度高，消费者就会认为该品牌是正宗的。社交媒体为信息传播提供了更为便捷和广泛的途径，品牌可以通过分享真实的品牌故事、传递地域文化等信息，增加品牌与消费者之间的信息相关性。消费者在社交媒体上能够更直接地参与品牌故事的构建，使得品牌正宗性的传达更加生动和有趣。因此，社交媒体时代的品牌正宗性感知受到了信息相关性的正向影响。

其次，在社交媒体时代信息失真度对品牌正宗性感知的负向影响也得到了验证。信息失真度指的是企业违背正宗性要求的行为的多少或者行为的恶劣程度，具体来说就是指企业在品牌传播的过程中，品牌传播的信息与实际行为的差别大小。在社交媒体平台上，信息的传播速度和范围更广，使得信息失真度对品牌正宗性感知的影响更为敏感。当企业在社交媒体上传播与实际行为不一致的信息，如品牌产品原材料造假、品牌历史造假、传承不合法等负面消息，消费者会立刻感知到这种信息的失真。

再次，在社交媒体时代，社会责任感对品牌正宗性感知产生了正向影响，并在研究中得到验证。社会责任感是指企业在品牌建设过程中履行社会责任的表现，包括技艺传承、传统文化推广、文化创新等。社交媒体平台为企业提供了一个有效的传播渠道，使得企业能够更加直接地与消费者分享其履行社会责任的举措。在社交媒体上，企业通过重点传播注重传统文化推广、传承非物质文化遗产、关注公益事业等信息，引起了消费者对品牌道德感、责任感的认知。社交媒体的互动性使得消费者更容易参与和关注企业的社会责任行为，从而强化了他们对品牌正宗性的认可和印象。

最后，情境匹配度对品牌正宗性感知的正向影响也得到了确认。情境匹配度指企业品牌营造的消费情境与顾客正宗消费心理的联结程度。社交媒体提供了一个交流平台，使企业能够通过传播品牌形象、定位和信息，创造出与消费者正宗消费心理相匹配的消费情境。当企业品牌营造的消费情境与消费者的正宗消费心理匹配度较高时，消费者对品牌的正宗性认知更强烈，如品牌定位与消费者品位的匹配、品牌展示信息与消费者正宗知识的匹配等。

从结构方程模型验证得出的路径系数大小来看，品牌正宗性感知的四个影响因素中，信息相关性的路径系数为0.27，信息失真度的路径系数为-0.24，社会责任感的路径系数为0.20，情境匹配度的路径系数为0.25。这说明品牌正宗性感知的四个影响因素中，信息相关性对品牌正宗性感知的影响最大，情境匹配度次之，信息失真度第三，社会责任感则最小。

2. 品牌正宗性感知的影响结果

在品牌正宗性感知的影响结果方面，研究假设均得到了验证。首先，在社交媒体时代，消费者的品牌正宗性感知对品牌依恋的正向影响得到了验证。品牌正宗性感知指消费者对品牌在原料、工艺继承、文化建设等方面所具备的优势和代表性的感知。社交媒体平台为品牌提供了更广泛的展示和互动空间，使得品牌能够更全面地传递其正宗性特质。在社交媒上，品牌通过分享真实的故事、展示传统文化、传承技艺等信息，加强了与消费者之间的情感连接，提升了品牌正宗性的感知。品牌依恋是指消费者与品牌之间的一种情感联系所产生的积极情感结果（Fournier，1995；Ghorbanzadeh & Rahehagh，2021），它的维度包括自我联结、感情和重要性。结构方程模型的验证结果表明，拥有正宗特性的品牌会提升消费者对产品的功能评价，提升其对品牌的情感认同，并对品牌投入情感，进而对品牌产生依恋。消费者对正宗性品牌的依恋具体表现在品牌成为了消费者的一部分、消费者无法离开品牌、品牌无法被取代等方面。社交媒体时代的品牌依恋不仅基于产品的功能评价，更加注重品牌与消费者情感的共鸣，使品牌与消费者之间建立起深厚的情感纽带。

消费者的品牌正宗性感知对积极口碑的正向影响也得到了验证。积极口碑指公司提供任何有关产品或服务信息的积极沟通（Hennig - Thurau et al.，2002；Talwar M et al.，2020）。社交媒体平台为消费者提供了分享和传播信息的便捷途径，使得品牌正宗性的感知能够更广泛地传播。在社交媒体上，消费者通过分享品牌的正宗特性，如原料、工艺继承、文化建设等方面的优势，加强了对品牌的积极评价。结构方程模型的验证结果证明消费者对品牌正宗性的感知能够提升其对品牌的评价，品牌在原料、工艺继承、文化建设等方面的优势能够提高消费者对品牌产品的功能评价，进而对品牌形成积极口碑。根据第五章中积极口碑的量表，在社交媒体时代，积极口碑的传播更为迅速和广泛，消费者在感知到了品牌的正宗性之后，会在社交媒体平台上向他人高度评价品牌、赞扬品牌，并积极推荐给其他人。因此，品牌正宗性感知对积极口碑的影响在社交媒体时代变得更为显著，形成了一种通过社交媒体传播的品牌正宗性和积极口碑的良性循环。

二、结果讨论

根据第四章、第五章的研究结果，结合已有研究的观点，对品牌正宗性的构成维度、品牌正宗性感知的影响因素、品牌正宗性感知的影响结果等研究结论进行分析和讨论。

（一）品牌正宗性的构成维度

品牌正宗性的内涵是品牌正宗性研究首先需要解答的问题。本书根据扎根理论的研究方法对品牌正宗性的构成维度进行了探索性分析，研究结果显示品牌正宗性由原生连续性、文化建构性、顾客联结性三个维度及其构成因子组成。部分学者从区域品牌的视角探讨了品牌正宗性的测度，相关研究结果多将区域品牌正宗性的构成维度归纳为品牌历史合法性、品牌历史传承性、品牌社会合法性和品牌价值观。然而，品牌正宗性虽然在区域品牌建设过程中具有典型的作用，但是品牌正宗性往往还存在于食品品牌、尚未达到区域规模的品牌等非区域品牌领域。与过往研究相比，本书通过扎根探索对一般化品牌正宗性内涵的探索，能够有效突破从区域品牌视角探究品牌正宗性内涵的局限，更加一般化地探讨品牌正宗性的内涵和作用机制，研究结果在实践意义上也更具有普适性的价值。

部分学者对品牌正宗性的定义、作用等进行了描述性研究，相关研究多将品牌正宗性视作消费者对品牌产品本真性的感知能否与起源时相比保持稳定的特性，强调品牌正宗性能够提高消费者对品牌功能的评价，进而获得消费者的品牌忠诚。可见，学者对品牌正宗性的定义中多用本真性来解释正宗性，并未从本质上将品牌真实性、本真性与品牌正宗性相区别。通过学者的观点可知，品牌真实性、本真性指品牌可信赖、诚实真挚且具有象征意义的特性。其中，可信赖的特性指品牌能够让消费者相信其所传达信息的特性，如原料地道、工艺的传承、清晰的理念、悠久的历史等（徐伟等，2015；Beverland，2006；Gundlach & Neville，2012；Schallehn et al.，2014）。真诚性指品牌的行为与其作出的承诺是一致的特性，是通过起源、原创性和独特的外观来传达的，具体表现在品牌兑现承诺、完成使命以及非商业导向等（Bruhn et al.，2012；Eggers et al.，2013；Morhart et al.，2015；Portal et al.，2018）。象征性指品牌能够帮助消费者找到真实自我的特性，如消费者通过品牌的购买能够进行炫耀、怀旧、显示身份地位以及履行社会责任等（Harris，1975；Beverland，2005；Napoli et al.，2014；Jian et al.，2019）。而通过扎根理论发现，品牌正宗性是指品牌在原料使用、工艺继承、文化建设等方面具有优势且与同类品牌相比更具代表性的特性。由此可以看出，品牌真实性与品牌正宗性虽然相似，但本质上存在差别。

本书的研究结果显示品牌正宗性由原生连续性、文化建构性、顾客联结性三个维度及其构成因子组成。原生连续性中包括了来源独特性、技艺继承性、传承合法性三个因子，其中，技艺继承性、传承合法性两个构成维度和黎小林等（2015）的研究达成了一定的共识。文化建构性由理念认知性、文化俗成性、定位准确性三个因子构成；顾客联结性则由目标一致性、自我表达性、群体归属性三个因子构成。这两个内容则是对已有研究的延伸和丰富。本书的研究结果能够为品牌正宗性的学术研究提供理论意义，帮助学者们加深对品牌正宗性的系统化认知，还能够为品牌正宗性的打造提供理论指导。

（二）品牌正宗性感知的影响因素和影响结果

第五章通过实证检验，对品牌正宗性感知的影响因素和影响结果模型进行了检验。假设检验结果显示信息相关性、社会责任感、情境匹配度会对消费者的品牌正宗性感知产生正向影响，信息失真度则会对品牌正宗性感知产生负向影响；消费者的品牌正宗性感知又会进一步提升消费者的品牌依恋和积极口碑。

第一，信息相关性对品牌正宗性感知的正向影响与部分学者的观点相契合。例如，Brown等（2003）指出消费者可以通过企业的营销线索认识品牌的本质。Morhart等（2015）也指出，消费者会通过标志性线索对品牌的真实性进行判断。消费者在接收到了标志性的线索之后，会对与某事物相关的信息与该事物在其心目中应该的样子进行匹配（Grayson & Martinec，2004）。Beverland等（2008）指出，品牌可以通过重点传播品牌的历史性、继承性、地方性等特征的方式，展现其真实的品牌形象。这些研究主要是对品牌真实性的探讨，本书在已有文献的基础上进一步验证了信息相关性对品牌正宗性感知的正向影响，研究结果不仅确认了信息相关性和品牌正宗性感知之间的关系，还延伸了品牌管理的研究。

第二，信息失真度对品牌正宗性感知的负向影响也与已有研究达成了一定的共识。Beverland 等（2010）认为消费者会对品牌提供的线索进行评估，以辨别这些线索的真假。Gilmore 和 Pine（2007）指出企业的丑闻会给消费者留下企业不负责任的印象。Morhart 等（2015）指出，如果品牌陷入了丑闻，消费者对品牌真实性的感知会降低。这些研究虽然是以品牌真实性为研究对象，但是品牌真实性与品牌正宗性有一定的相似处。同时，品牌丑闻是信息失真行为的一种。本书的结论不仅对信息失真度与品牌正宗性感知的关系进行了确认，还对已有研究做了进一步延伸。

第三，社会责任感对品牌正宗性感知的正向影响也与已有研究结论基本一致。Morhart 等（2015）指出，企业重点宣传品牌的动机、手段和目的能增加消费者的真实感。Beverland 等（2008）认为企业的这类行为主要是为了突出品牌的道德观（社会责任）、执行力等，目的是提升消费者的道德真实感，这些行为也表明了品牌超越盈利能力和经济利益的承诺。徐伟等（2015）指出，企业关注公益、淡化商业色彩等行为能有效地提升消费者的品牌真实性感知。这些研究从侧面反映出，企业的社会责任感能够提升消费者的品牌真实性感知。本书在此基础上进一步证明了，社会责任感能够提升消费者的品牌正宗性感知。研究结果深化和延伸了品牌理论研究。

第四，情境匹配度对品牌正宗性感知的正向影响得到了确认，研究结果与已有研究的观点基本一致。王乐（2011）指出，匹配情境的创造能够增强两者的互相认同，消除知识转移过程中的障碍。Dixon（2000）也认为知识发送方和知识接收方情境相似，知识转移的有效性就会提高。徐金发等（2003）指出，在匹配的情境下，企业更容易实现知识的转移。这些研究说明情境匹配能够帮助企业实现知识的转移。本书则进一步确认了，情境匹配的情况下，消费者更容易接受品牌的正宗性信息，进而提升其对品牌正宗性的感知。本书对现有文献做了进一步的深化和延伸。

第五，消费者的正宗性感知会提升其对品牌的依恋得到了验证，研究结果基本符合已有研究的观点。Thomson 等（2005）的研究证明，如果企业花费大量精力在品牌真实性的塑造上，消费者就会以积极的回应来报答企业，其中就包括对品牌的情感依恋，即消费者会对一个品牌投入情感。Morhart 等（2015）的研究也证明品牌真实性能够提升消费者对品牌的依恋。品牌正宗性和品牌真实性有一定的相似之处，研究结果进一步确认了品牌正宗性感知和品牌依恋的关系。本书在一定程度上深化了品牌理论的研究，并对此进行了延伸。

第六，消费者的品牌正宗性感知对积极口碑的正向影响也得到了验证，本书结论与已有研究的观点基本一致。已有研究证明，品牌的正宗特性能够影响消费者对品牌的评价。蒋廉雄和朱辉煌（2010）、蒋廉雄（2012）指出消费者对品牌正宗性的感知能够提升品牌功能评价。Morhart 等（2015）也指出消费者可以通过品牌的象征属性获得品牌产品的详细信息进而对其身份产生认同感，此外品牌的可信性、正直性以及连续性三个因素会让消费者获得品牌忠于自己、品牌为顾客着想的感知，最终使消费者对品牌产生积极口碑。本书通过实证研究进一步确认了品牌正宗性感知和积极口碑的关系，对品牌管理的研究进行了延伸。

第二节　理论贡献与管理启示

根据本书的研究过程和结论，本节对研究理论和管理实践带来的启示进行阐述。对理论和管理启示的梳理，能够帮助研究者进一步提炼出研究结论的理论意义及其实践指导意义。

一、理论贡献

本书能够为品牌正宗性的学术研究提供理论启示，为后续品牌正宗性的研究提供理论基础。本书的理论启示主要体现在丰富了社交媒体理论的内容、加深了对品牌正宗性的认知、加深了对品牌正宗性内涵的理解，以及加深了对品牌正宗性感知内在作用机制的了解四个方面。

（一）丰富了社交媒体理论的内容

本书强调了品牌正宗性在社交媒体上的塑造是一个动态、互动的过程。在传统的社交媒体理论框架下，可能更侧重用户生成内容和用户参与度，品牌正宗性的角色和影响可能并未被充分考虑。本书的研究表明，品牌与消费者的互动是品牌形象建设中不可忽视的一部分，这为社交媒体理论提供了更为全面的视角。同时本书通过对品牌正宗性的结构维度及其在社交媒体上的影响机制的探讨，丰富了社交媒体理论中关于品牌传播的多维度分析。社交媒体理论可能更关注信息传播和用户互动，而较少深入研究品牌形象的内在结构。通过研究品牌正宗性的不同维度，为理解品牌在社交媒体上的复杂传播过程提供了更为全面的框架。研究还强调了在社交媒体环境中，品牌的真实性和透明度对于塑造正宗性至关重要。社交媒体理论通常关注信息的流通和用户互动，但可能未充分考虑信息的真实性对品牌建设的重要性。本书的研究指出，企业在社交媒体上应注重传递真实、透明的品牌信息，以建立与消费者之间更加牢固的信任关系。本书的研究使社交媒体理论在品牌建设领域得到了丰富和拓展，强调了品牌与消费者之间的互动性、情感共鸣以及信息传播的即时性。

（二）加深了对品牌正宗性的认知

本书帮助研究者们加深对品牌正宗性的系统化认知。通过文献研究发现，学术界对品牌正宗性的研究甚少，已有研究多数侧重品牌正宗性的案例性描述或者对品牌真实性、老字号品牌、风土产品品牌等类似概念的探讨。这些研究虽然能够为本书提供理论基础，但是仍然无法为品牌正宗性的学术研究和企业实践提供可行的指导。已有研究对品牌正宗性的内涵、影响机制等探讨的缺乏，不利于深化学术界对品牌正宗性的理解。基于此，本书根据扎根理论的研究方法对品牌正宗性的构成维度进行了探索性分析，研究结果显示，品牌正宗性由原生连续性、文化建构性、顾客联结性三个维度及其构成因子组成。同时，通过实证检验，对品牌正宗性感知的影响因素和影响结果模型进行了检验。假设检验结果显示，信息相关性、社会责任感、情境匹配度会对消费者的品牌正宗性感知产生正向影响，信息失真度则会对品牌正宗性感知产生负向影响；消费者的品牌正宗性感知又会进一步提升消费者的品牌依恋和积极口碑。本书对品牌正宗性进行了较为充分和深入的探讨，研究结果不仅能够为未来的品牌正宗性研究提供系统的理论借鉴，还为后续研究奠定了理论基础。

（三）加深了对品牌正宗性内涵的理解

本书对品牌正宗性结构维度的探讨能够加深对品牌正宗性内涵的理解。科学的学术研究逻辑表明，只有在对品牌正宗性的概念内涵有了深刻的理解之后，才有可能围绕着品牌正宗性开展更深层次的研究。文献分析发现学术界对品牌正宗性内涵的研究较少。已有文献对品牌真实性、正统性、风土产品品牌等概念的内涵展开了较为丰富的研究。其中，学者们对品牌真实性的内涵（Beverland，2006；Schallehn et al.，2014；Morhart et al.，2015）、对正统性的内涵（刘浦江，2004；杨彬，2011；Chen & Lee，2021）、对风土产品品牌的构成维度（Charters et al.，2017；Spielmann et al.，2023）等进行了较为深入的探讨。这些文献为本书研究的顺利进行提供了理论借鉴。然而，品牌真实性、正统性、风土产品品牌等概念虽然与品牌正宗性有一定的相似之处，但是它们之间还是有较大区别的。品牌正宗性内涵研究的缺乏不利于品牌化理论的完善和发展，也难以促进企业品牌正宗性建设工作的顺利进行。基于此，本书根据扎根理论的研究方法对品牌正宗性的构成维度进行了探索性分析，研究结果显示，品牌正宗性由原生连续性、文化建构性、顾客联结性三个维度及其构成因子组成。其中，原生连续性由来源独特性、技艺继承性、传承合法性三个因子构成；文化建构性由理念认知性、文化俗成性、定位准确性三个因子构成；顾客联结性则由目标一致性、自我表达性、群体归属性三个因子构成。本书研究结论能够加深研究者对品牌正宗性内涵的了解，为后续品牌正宗性形成的作用机制提供理论基础，也为未来的研究提供理论指导。

（四）加深了对品牌正宗性感知内在作用机制的了解

本书从消费者的视角探讨了品牌正宗性感知的影响因素及其影响结果。现有文献对品牌正宗性感知的影响因素研究还处于探索阶段，可借鉴的研究结论较少。已有研究对品牌真实性的影响因素展开了较为深入的探讨（Grayson et al.，2004；Morhart et al.，2015；Dwivedi & McDonald，2018）。这些研究为品牌正宗性感知影响因素的探讨提供了理论借鉴，然而品牌真实性并不等同于品牌正宗性。同时，在品牌正宗性感知的影响结果研究方面，学者们对品牌正宗性给企业带来的作用基本达成了共识。学者们认为，拥有了正宗性品牌的企业的品牌在优异性和独特性方面有一定的优势，能够提高消费者对品牌功能的评价，进而获得消费者的品牌忠诚。已有研究在一定程度上揭示了品牌正宗性的影响结果，然而现有研究仅停留在描述性研究层面，缺乏对观点的定量研究，研究结论的科学性有待进一步确认。品牌正宗性感知作用机制理论研究的缺失不利于品牌理论的深化。基于此，本书根据已有研究，对品牌正宗性感知的影响因素和影响结果进行了实证检验。研究结果显示，信息相关性、社会责任感、情境匹配度会对消费者的品牌正宗性感知产生正向影响，信息失真度则会对品牌正宗性感知产生负向影响；消费者的品牌正宗性感知又会进一步提升消费者的品牌依恋和积极口碑。这些研究结果加深了对品牌正宗性感知内在作用机制的了解，为品牌正宗性打造的具体策略提供了理论指导，更有益于深入认识品牌正宗性提升企业绩效的内在机制。

二、管理启示

在管理启示方面，本书能够为打算或正在利用赋予品牌正宗性的方式进行品牌化建设的企业提供实践指导。本书对品牌正宗性的结构维度、品牌正宗性形成的影响因素以及品牌正宗性的影响结果进行了深入的探讨，研究结果深入地揭示了品牌正宗性的内涵、品牌正宗性感知的影响因素和影响结果，为品牌正宗性实践提供理论指导，帮助企业更好地在社交媒体时代进行品牌化建设。

（一）加深企业对品牌正宗性的认识

企业在打造品牌正宗性的过程中，首先要做的就是深刻认识品牌正宗性的内涵。只有对品牌正宗性有了深刻且准确的理解，企业才能打造出真正"正宗"的品牌。本书得出的品牌正宗性构成维度深刻地解释了品牌正宗性是什么，研究结果能够帮助企业深刻理解品牌正宗性。同时，品牌正宗性构成维度不仅是对品牌正宗性内涵的解释，还是企业品牌正宗性打造的"参考书"。企业可以利用本书的研究结论，对照品牌正宗性的结构维度，对品牌进行自测，从而发现企业在品牌正宗性的打造方面存在的优势和不足，并根据本书对品牌正宗性各构成维度的详细解释进行改进。

具体而言，未来企业在进行品牌的正宗性建设时，可以从原生连续性、文化建构性、顾客联结性三个方面进行努力。

第一，在社交媒体时代，企业可以通过强化品牌在来源、技艺继承、传承的合法性等方面的优势来塑造品牌的原生连续性，进而使品牌具有正宗特性。首先，在来源的独特性方面，企业可以通过微博、抖音等平台分享品牌具备原料独特、工艺独特、产地独特、口味风格不变的特点。在原料独特方面，企业应该使用独特的原料进行产品生产，如使用只有当地可以采购到的原料或者使用质量优良的原料。在工艺的独特性塑造方面，企业应该坚持使用古法的、传统的或者是传承下来的工艺进行产品的制作。在产地独特性方面，企业应该向消费者传递品牌的产地优势，如产地得天独厚的气候、环境优势。在口味风格方面，企业应该持续性地生产传统风味或风格的产品，不随意改变产品口味、风格。其次，在技艺传承性方面，企业可以通过故事性的内容在快手、小红书等传递品牌的传承人、配方继承、保持传统、持续生产等信息。在传承人方面，企业应该向消费者传递企业拥有产品的继承人、传人、嫡传弟子等。在配方继承方面，企业应该向消费者出示证明企业拥有产品配方的证据。在保持传统方面，企业应该按照传统做法进行产品的生产、包装、设计等。最后，在传承的合法性塑造方面，企业可以从嫡传、继承有证据、传承可追溯、传承被认可、传承认证等方面入手。在嫡传方面，企业应该向公众证明企业是品牌的嫡传人。在继承有证据方面，企业应该通过文物、书籍、人物等方式，证明自己继承的合法性。在传承认证和认可方面，企业应该积极参与非物质文化遗产、非物质文化遗产传人等的认证。

第二，在赋予品牌文化建构性方面，企业可以通过社交媒体平台加深正宗理念的认知、形成俗成的正宗文化以及对企业进行准确定位等。社交媒体为企业提供了广泛的传播渠道，使品牌文化建构更具互动性和影响力。首先，企业正宗理念认知的提升可以通过正视正宗的重要性、加深对正宗性的了解、不断学习正宗性相关的知识、剖析企业正宗性建设的优劣势、对正宗性形成独到的见解等实现。企业应该在全公司推广和普及品牌正宗性的重要性，让员工真正重视品牌正宗性的打造。公司内部应该积极学习品牌正宗性的相关知识，通过不断地深入了解，最终形成独到的见解。在形成俗成的正宗文化方面，企业可以通过在企业内制定与品牌正宗性建设相关的制度规范，把正宗文化融入到企业的文化中去，严格督促员工遵守正宗性建设的规则等方式实现该目标。在进行准确的定位方面，企业应该明确品牌的受众、清楚了解受众的消费习惯和喜好，通过社交媒体的数据分析，了解消费者在平台上的互动和反馈，从而有针对性地设计产品功能，同时企业还应该在社交媒体上清晰传达自己的角色定位，在维护企业利益的同时要注重保护传统文化。

第三，在赋予品牌顾客联结性方面，企业可以从实现品牌与顾客目标的一致、帮助顾客进行自我表达、帮助顾客找到群体归属等方面进行努力。首先，在实现品牌与顾客目标的一致方面，企业应该做到通过社交媒体数据分析，了解消费者需求，并根据消费者的需求设计品牌产品功能；根据多数目标客户的身份状况对品牌进行包装；对目标顾客的价值取向进行分析，并将这一价值取向融入到品牌理念中；根据消费者的生活习惯、消费习惯、产品使用习惯等对品牌产品进行设计等。其次，在帮助顾客进行自我表达方面，企业应该根据品牌目标群体的需要，通过产品的功能设计、价格制定、产品包装、品牌理念设计等方式帮助消费者彰显个性、表明地位、显示品位、象征身份等。在帮助顾客找到群体归属方面，企业可以通过经营好品牌社群，借助社交媒体平台加强与社群内消费者的沟通、分享共同的价值观和兴趣爱好等营造良好的社群环境等方式，让顾客在社交媒体上感受到社群的热情、对社群产生美好的联想、在社群内享受到良好的氛围，从而增强他们对品牌的群体归属感。

（二）为企业的品牌正宗性建设指明方向

本书的实证检验结果表明，信息相关性、社会责任感、情境匹配度会对品牌正宗性感知产生正向影响，信息失真度则会对品牌正宗性感知产生负向影响。从路径系数来看，这四个因素对品牌正宗性感知的影响从大到小依次为信息相关性、情境匹配度、信息失真度、社会责任感。因此，企业在进行品牌正宗性的建设过程中，应该做到：

第一，利用社交媒体平台（如快手、抖音、小红书）向消费者传递与品牌正宗性相关的信息。研究结果证明，在品牌正宗性建设过程中，企业应该尤其注重向消费者传递与品牌正宗性相关的信息。具体而言，首先，在品牌的传播过程中，企业可以利用社交媒体平台向消费者展示企业使用了传统的方法进行产品生产的过程。例如，企业在生产过程中采用了传统生产中的原料、使用了传统的生产工艺等，企业要努力让消费者知悉这些信息，以此向消费者强调品牌的正宗性。社交媒体的实时性和广泛传播性使得这些信息能够更迅速、更广泛地传达给消费者。其次，企业可以对品牌产品使用专用的产品包装或符号，如利用古文设计品牌的名称、口号、广告语，使用复古包装等。企业还可以通过社交媒体平台向消费者传播品牌的原产地优势，包括产地生产该类产品的传统、产地的原料优势、产地优良的生态环境等，进一步加强品牌的正宗性认知。通过精心策划的社交媒体内容，企业能够有效地传递这些信息，引起消费者的共鸣，建立起更加紧密的品牌关系。

第二，提升品牌的情境匹配度。研究结果证明，在品牌正宗性建设过程中，企业还应该注重提升品牌的情境匹配度。企业可以通过消费情境的营造，让消费者与品牌产生心理联结。具体而言，首先，在品牌的传播过程中，企业可以通过精准的市场调研、环境分析、自我优劣势分析等方式明确企业的目标客户，深入了解广大客户的喜好和需求，进而在社交媒体上通过定向广告、专题推送等方式，确保品牌信息能够精准地传达给目标群体。社交媒体平台提供了丰富的用户数据和广告投放工具，使得企业能够更精准地匹配品牌的市场定位与目标群体，提升品牌的情境匹配度。其次，在产品设计中，企业在社交媒体上与消费者进行互动，了解消费者的反馈和意见，进而根据消费者的需求灵活调整产品设计。企业还应该选择与目标客户价值观相符合的理念作为品牌文化，并将品牌文化对内进行学习并遵守，通过故事、短视频等形式向消费者传达品牌的理念和价值观。社交媒体平台的分享和传播特性能够帮助品牌更广泛地传递其文化信息，与目标客户形成更紧密的心理联结。消费者在进行正宗品牌选择时，往往会对品牌产品与所属行业的产品特点进行比较，因此，企业还应该根据品牌所在行业的产品特点进行产品设计。

第三，避免信息失真行为的发生。研究结果证明，企业信息失真行为的发生会降低消费者对品牌正宗性的感知。在品牌正宗性建设过程中，企业应该注重避免信息失真行为的发生。具体而言，企业应该做到诚实守信，真实地传递品牌信息。例如，在社交媒体上，企业杜绝使用假冒伪劣的原料、不伪造品牌的传承信息等，通过图文、视频等形式向消费者呈现真实情况，建立透明度。避免使用虚假宣传、夸大产品效果的手法，以确保品牌信息的真实性。通过社交媒体的互动平台，及时回应消费者的疑虑和问题，展示品牌真实的一面，增强消费者对品牌的信任感。

第四，提升企业的社会责任感。研究结果证明，在品牌正宗性建设过程中，企业应该注重履行社会责任。在实践中，企业应该具备社会责任感，并通过实际行动让消费者感知到。具体而言，企业应该积极开展公益活动，在社交媒体上分享参与公益活动的照片、视频，引起关注和共鸣，如关爱弱势群体。通过社交媒体的传播，企业能够让消费者感知到其对社会责任的积极履行。企业还应该保护好企业传承的传统文化并对其在社交媒体上进行宣传推广，如企业继承的传统工艺、非物质文化遗产等，企业有责任对传统文化进行传播、推广和创新。同时，企业在生产过程中还应该注意生态环境的保护，不使用对环境有害的原料、工艺、包装等，实施可持续生产的措施，向大众传达企业对环境保护的承诺。

（三）明确品牌正宗性给企业带来的效益

本书的实证研究结果显示，品牌正宗性感知能够给企业带来明显的效益。消费者对品牌正宗性的感知能够提升其对品牌的依恋并对品牌形成积极口碑。企业可以利用这一研究结果，采取恰当的策略影响消费者对品牌正宗性的感知，从而获得消费者的好感和口碑，最终提升企业的效益。

品牌正宗性感知带来的效益中，消费者对品牌的依恋最为明显。品牌依恋指个体与品牌的一种情感联系，它的维度包括自我联结、感情和重要性。检验结果表明，消费者对品牌的正宗性感知能够提升其对品牌的依恋，具体表现在品牌成为了消费者的一部分、无法离开品牌、品牌无法被取代等方面。同时，消费者的品牌正宗性感知能够使其对品牌产生积极口碑有着正向影响作用。积极口碑指任何关于公司产品或服务的积极沟通。检验结果表明，消费者感知到了品牌的正宗性之后，会对品牌形成积极口碑，具体表现在高度评价品牌、向他人赞扬品牌、向他人推荐品牌等方面。因此，为提高企业的效益，企业应该加大品牌正宗性的建设力度。

第三节 研究局限性与未来研究方向

本书对品牌正宗性的内涵、影响因素、影响结果等进行了深入的探讨，然而由于主客观原因的存在，研究具有一定的局限性。本节将围绕着研究的不足之处进行阐述，并对品牌正宗性的未来研究方向做进一步的总结。

一、研究局限

从整个研究过程来看，本书研究还是比较科学的。在现象的观察和文献的梳理基础上确定了研究主题，分别根据扎根理论和实证研究的研究范式对两个子研究进行了深入的探讨和验证。整个研究过程具有较高的规范性和科学性。然而，研究仍存在以下不足：

（一）扎根研究的结论普适性有待提升

在第四章的研究过程中，虽然严格按照扎根理论研究的步骤和要求对品牌正宗性的构成维度进行了探索性研究，但是研究结论的普适性还需要得到进一步提升。首先，扎根访谈只选取了 4 家优秀正宗品牌企业作为样本对象，企业数量仍然较少，研究结论的普适性可能会有所降低。其次，这些企业所在的行业过于集中，它们都属于食品、保健品行业，行业属性可能会对研究结论产生一定的影响，结论的普适性也可能会被影响。最后，虽然选取了 4 家优秀的正宗品牌企业为访谈对象，但是由于行业、档次、体量等原因，企业之间的差别还挺大，研究结论能否适用于其他企业有待进一步的检验。

（二）扎根研究的研究结论缺乏实证检验

本书通过扎根理论的研究方法对品牌正宗性的构成维度进行了探索性分析，对企业中高层管理人员、专家学者、消费者等进行了深度访谈并通过扎根理论的开放式编码、主轴编码、选择性编码得出了品牌正宗性构成维度模型。研究显示，品牌正宗性由原生连续性、文化建构性、顾客联结性构成。其中，原生连续性包括来源独特性、技艺继承性、传承合法性；文化建构性包括理念认知性、文化俗成性、定位准确性；顾客联结性包括目标一致性、自我表达性、群体归属性。扎根理论的研究方法虽然探明了品牌正宗性的结构维度，但是为了提升研究结果的科学性，应该通过实证检验的方法对品牌正宗性结构维度的模型做进一步的检验。由于时间精力、操作难度等原因没有对品牌正宗性构成维度模型进行实证检验，研究结果的科学性受到了一定的影响。

（三）品牌正宗性感知形成的内在机制研究不够深入

第五章通过实证检验对品牌正宗性感知的内在机制进行了检验，通过假设模型的验证，探明了品牌正宗性感知的影响因素和影响结果。结果显示信息相关性、社会责任感、情境匹配度会对消费者的品牌正宗性感知产生正向影响，信息失真度则会对品牌正宗性感知产生负向影响；同时，消费者的品牌正宗性感知又会进一步提升消费者的品牌依恋和积极口碑。然而，研究对消费者品牌正宗性感知形成的内在机制探讨还不够深入。品牌正宗性感知的形成是一个复杂的过程，其影响因素应该不局限于本书探明的这四个因素。同时，消费者品牌正宗性感知的形成过程中，应该还存在调节因素和中介因素，本书并未对模型的调节变量和中介变量等进行更深入的探讨，这一点也是研究的不足之一。

（四）利用社交媒体进行品牌正宗性塑造的研究不够深入

本书探究了在社交媒体时代品牌正宗性的构成维度以及品牌正宗性的影响因素和影响结果，研究表明社交媒体平台为企业提升品牌的情境匹配度、传递真实品牌信息、建立诚信形象提供了有力工具，同时社交媒体的互动性和广泛传播性为企业在品牌顾客联结性的构建上提供了有力的工具，使品牌与消费者之间的互动更为紧密和深入。然而，利用社交媒体进行品牌正宗性塑造的研究不够深入。社交媒体上的信息传播速度快，如何在这一环境中保持品牌的透明度，并建立可靠的正宗品牌形象，是一个需要深入研究的问题。这可能包括对消费者信任建立的机制、品牌危机管理等方面的考察。此外，本书并没有对社交媒体对品牌参与度和忠诚度的长期影响进行探讨，如在社交媒体上的互动如何影响消费者对品牌正宗性的长期认知和态度变化，还有待进一步的研究。

二、未来研究方向

根据本书研究存在的不足，结合品牌正宗性研究的特点以及现有的理论基础，根据研究趋势，总结出了未来的几个研究方向：

首先，可以选择更全面、更具代表性的样本对品牌正宗性的内涵做进一步的分析和验证。在样本的全面性方面，可以通过增加样本量、选择多行业的样本等方式进行更深入的探究。在样本的代表性方面，可以选择更具代表性的正宗品牌展开探讨，以期发现更有价值的研究成果。

其次，可以通过实证研究的方法对品牌正宗性的结构维度做进一步的验证。本书已经通过质性研究的方法探明了品牌正宗性的结构维度。为更全面、更科学地验证品牌正宗性内涵，可以通过设计测量量表、问卷发放与数据收集、结构方程模型检验等步骤对其进行实证检验。

再次，可以对品牌正宗性形成的内在机制做进一步的探讨。通过实证检验的方法探明了品牌正宗性感知的四个影响因素和两个影响结果。然而，品牌正宗性的形成是一个复杂的过程，其形成过程中涉及的变量肯定不止本书中提到的这几个。因此，未来可以对品牌正宗性的形成机制做进一步的检验。例如，品牌正宗性形成的其他影响因素以及其他影响结果，品牌正宗性形成过程中可能存在的调节变量、中介变量等。

最后，可以进一步探讨如何更好地利用社交媒体进行品牌正宗性塑造。针对社交媒体上信息传播速度快的特点，深入研究社交媒体上的信息传播是如何构建、加强或威胁消费者对品牌正宗性的信任，社交媒体互动如何影响消费者对品牌信息真实性的判断，以及对品牌建立信任关系的机制建立。此外，还可以关注社交媒体上的互动如何影响消费者对品牌正宗性的长期认知和态度变化，以及消费者在长期互动中对品牌的忠诚度如何演变。

附　录

一、访谈提纲

（一）针对企业中高层管理人员的访谈

1. 为什么您公司的产品这么受欢迎？

2. 您觉得您公司的品牌正宗吗？表现在哪些方面？

3. 贵公司采取了哪些措施赋予品牌正宗性？

4. 品牌正宗性塑造的难点有哪些？

5. 在正宗性的塑造方面，公司还需要做哪些努力？

6. 请为其他企业的品牌正宗性建设提供几点建议。

（二）针对专家学者的访谈

1. 您觉得正宗性对于企业品牌而言重要吗？

2. 您如何定义品牌正宗性？

3. 一个品牌的正宗性应该体现在哪些方面？

4. 企业应该如何塑造正宗品牌？

5. 品牌正宗性的建设可能会受哪些因素的影响？

（三）针对消费者的访谈

1. 您购物的时候关注品牌是否正宗吗？

2. 您根据什么来判断一个品牌到底正不正宗？

3. 什么情况下，您会觉得一个品牌不正宗？

4. 您觉得一个完美的正宗品牌应该是怎样的？

二、调查问卷

请根据您近期的消费经验，列举出一个您认为最"正宗"的品牌，它是"＿＿＿＿＿＿＿＿＿"。接下来，请根据您对这个品牌的了解，回答下列问题（本研究认为品牌正宗性指品牌在原料、工艺继承、文化建设等方面具有优势且与同类品牌相比更具代表性的特性）。

（一）请根据您对这个品牌的了解，勾选出最符合您想法的编号。

题项	问 项	完全不同意	比较不同意	一般	比较同意	完全同意
1	该品牌经常传递其使用传统方法进行生产的信息	①	②	③	④	⑤
2	该品牌产品使用了这类产品专用的包装、符号等	①	②	③	④	⑤
3	该品牌传递的信息能够让我想起该产品的原产地	①	②	③	④	⑤
4	该品牌传递的信息能让我对该产品的工艺产生好感	①	②	③	④	⑤
5	该品牌传递的信息能够与同类品牌区别开来	①	②	③	④	⑤
6	该品牌传递虚假信息	①	②	③	④	⑤
7	该品牌言行不一致	①	②	③	④	⑤
8	该品牌实际形象与其宣传的形象反差大	①	②	③	④	⑤
9	该品牌夸大其产品效果	①	②	③	④	⑤
10	该品牌经常开展公益活动	①	②	③	④	⑤
11	在我印象中，该品牌的商业色彩淡	①	②	③	④	⑤
12	该品牌注重传统文化的保护	①	②	③	④	⑤
13	该品牌注重传统文化的宣传	①	②	③	④	⑤
14	该品牌产品生态环保	①	②	③	④	⑤
15	该品牌与我的身份相符	①	②	③	④	⑤
16	该品牌能够满足我的功能需要	①	②	③	④	⑤
17	我认可该品牌宣扬的文化理念	①	②	③	④	⑤
18	该品牌产品和我对这类产品的认识相一致	①	②	③	④	⑤
19	我接受该品牌产品的价格	①	②	③	④	⑤
20	该品牌产品的原料来源独特	①	②	③	④	⑤
21	该品牌继承了优秀的技术工艺	①	②	③	④	⑤
22	该品牌工艺的继承是合法的（即有继承的证据）	①	②	③	④	⑤

题项	问　项	完全不同意	比较不同意	一般	比较同意	完全同意
23	该品牌对正宗性理论的认知深刻	①	②	③	④	⑤
24	该企业内形成了俗成的正宗文化	①	②	③	④	⑤
25	使用该品牌能够帮助我彰显个性	①	②	③	④	⑤
26	该品牌能够给我群体归属感	①	②	③	④	⑤
27	该品牌成为了我的一部分	①	②	③	④	⑤
28	该品牌与我的联系大	①	②	③	④	⑤
29	这个品牌无法被取代	①	②	③	④	⑤
30	如果不能拥有这个品牌我会感到思念	①	②	③	④	⑤
31	我很依赖这个品牌	①	②	③	④	⑤
32	我高度评价该品牌	①	②	③	④	⑤
33	我向其他人赞扬该品牌	①	②	③	④	⑤
34	我向寻求我建议的人推荐该品牌	①	②	③	④	⑤
35	我主动向亲朋好友推荐该品牌	①	②	③	④	⑤

（二）请您提供以下基本信息：在"（　）"中打勾。

您的性别：男（　）　　　　　　　女（　）

您的年龄：20 岁以下（　）　　　　21~30 岁（　）

　　　　　31~40 岁（　）　　　　41~50 岁（　）

　　　　　50 岁以上（　）

您的学历：高中（含中专）及以下（　）

　　　　　大专（　）　　　　　　本科（　）

　　　　　硕士研究生（　）　　　博士研究生（　）

您的月收入：3000 元以下（　）　　3000~5000 元（　）

　　　　　　5000~7000 元（　）　7000~10000 元（　）

　　　　　　10000 元以上（　）

您的职务：企业人员（　）　　　　事业单位人员（含公务员）（　）

　　　　　在读学生（　）　　　　其他（　）

参考文献

［1］Aaker D A, Joachimsthaler E. Brand leadership ［M］. Simon & Schuster, 2012.

［2］Aaker J L. Dimensions of brand personality ［J］. Journal of Marketing Research, 1997 (1): 347-356.

［3］Aaker J. Conceptualizing and measuring brand personality: A brand personality Scale ［R］. Working Paper, Stanford University, 1995.

［4］Dwivedi A, McDonald R. Building brand authenticity in fast-moving consumer goods via consumer perceptions of brand marketing communications ［J］. European Journal of Marketing, 2018 (1).

［5］AEkinci Y. Hosany S. Destination personality: An application of brand personality totourism destinations ［J］. Journal of Travel Research, 2006, 45 (2): 127-139.

［6］Akbar M M, Wymer W. Refining the conceptualization of Brand Authenticity ［J］. Journal of Brand Management, 2017, 24 (1): 14-32.

［7］Alexander N. Brand authentication: Creating and maintaining brand auras ［J］. European Journal of Marketing, 2009, 43 (3/4): 551-562.

［8］Algharabat R. Linking social media marketing activities with brand love: The mediating role of self-expressive brands ［J］. Kybernetes, 2017, 46 (10): 1801-1819.

［9］Allen D E, Olson J. Conceptualizing and creating brand personality:

A narrative theory approach [J]. Advances in Consumer Research, 1995, 22 (1): 392-393.

[10] Amatulli C, Pino G, Angelis M, et al. Understanding purchase determinants of luxury vintage products [J]. Psychology and Marketing, 2018 (1).

[11] Anderson J C, Gerbing D W. Structural equation modeling in practice: A review and recommended tow step approach [J]. Psychological Bulletin, 1989, 103 (3): 262-269.

[12] Appel G, Grewal L, Hadi R, Stephen A T. The future of social media in marketing [J]. J Acad Market Sci, 2020, 48 (1): 79-95.

[13] Assiouras I, Liapati G, Kouletsis G, et al. The impact of brand authenticity on brand attachment in the food industry [J]. British Food Journal, 2015, 117 (2): 538-552.

[14] Athwal N, Harris L C. Examining how brand authenticity is established and maintained: The case of the Reverso [J]. Journal of Marketing Management, 2018, 34 (3-4): 347-369.

[15] Azoulay A, Kapferer J. N. Do brand personality scales really measure brand personality [J]. Journal of Brand Management, 2003, 11 (2): 143-155.

[16] Balachander S, Ghose S. Reciprocal spillover effects: A strategic benefit of brand extensions [J]. Journal of Marketing, 2003, 67 (1): 4-13.

[17] Barham E. Translating terroir: the global challenge of French AOC labeling [J]. Journal of Rural Studies, 2003, 19 (1): 127-138.

[18] Becker M, Wiegand N, Reinartz W J. Does it pay to be real? Understanding authenticity in TV advertising [J]. Journal of Marketing, 2019, 83 (1): 24-50.

[19] Bennett P D. AMA dictionary of marketing terms [M]. NTC Publishing Group, 1995.

［20］Bergman M M. Advances in mixed methods research：Theories and applications ［M］. Singapore：Sage，2008.

［21］Beverland M B, Farrelly F, Quester P G. Authentic subcultural membership：Antecedents and consequences of authenticating acts and authoritative performances ［J］. Psychology & Marketing，2010，27（7）：698-716.

［22］Beverland M B, Lindgreen A, Vink M W. Projecting authenticity through advertising：Consumer judgments of advertisers' claims ［J］. Journal of Advertising，2008，37（1）：5-15.

［23］Beverland M. Brand management and the challenge of authenticity ［J］. Journal of Product & Brand Management，2005，14（7）：460-461.

［24］Beverland M. The "real thing"：Branding authenticity in the luxury wine trade ［J］. Journal of Business Research，2006，59（2）：251-258.

［25］Biel A. Converting Image into Equity ［M］. New Jersey：Equity and Advertising，1993.

［26］Boorstin D. The Image：A Guide to Pseudo-events in America ［M］. New York：Atheneum，1964.

［27］Brown S, Kozinets R V, Sherry Jr J F. Teaching old brands new tricks：Retro branding and the revival of brand meaning ［J］. Journal of Marketing，2003，67（3）：19-33.

［28］Bruhn M, Schoenmüller V, Schäfer D, et al. Brand authenticity：Towards a deeper understanding of its conceptualization and measurement ［J］. Advances in Consumer Research，2012（40）.

［29］Bullock L, Agbaimoni O. Social media marketing-why business need to use it and how（includes a study of Facebook）［J］. Prace Instytutu Lotnictwa，2012（6）：109-119.

［30］Brink T. B2B SME management of antecedents to the application of social media ［J］. Industrial Marketing Management，2017（64）：57-65.

［31］Bryman A. Social research methods ［M］. Oxford：Oxford University

Press, 2001.

［32］ Bergman A. Advances in mixed methods research: Theories and applications ［M］. Sage Publications, 2008.

［33］ Chahine S, Malhotra N K. Impact of social media strategies on stock price: The case of Twitter ［J］. European Journal of Marketing, 2018, 52 （7-8）: 1526-1549.

［34］ Charters S, Spielmann N, Babin B J. The nature and value of terroir products ［J］. European Journal of Marketing, 2017, 51 （4）: 748-771.

［35］ Chan A, Pitt L F, Nel D. Let's face it: Using Chernoff faces to portray social media brand image ［J］. Corporate Ownership & Control, 2014, 11 （4）: 609-615.

［36］ Chaudhuri A, Holbrook M B. The chain of effects from brand trust and brand affect to brand performance: The role of brand loyalty ［J］. Journal of marketing, 2001, 65 （2）: 81-93.

［37］ Chen X, Lee G. How does brand legitimacy shapes brand authenticity and tourism destination loyalty: Focus on cultural heritage tourism. Global Business and Finance Review, 2021, 26 （1）: 53-67.

［38］ Chernatony D L. Creating powerful brands ［M］. Routledge, 2010.

［39］ Cheung M L, Pires G D, Rosenberger P J, Leung W K S, Ting H. Investigating the role of social media marketing on value co-creation and engagement: An empirical study in China and Hong Kong ［J］. Australas. Mark. J. 2021 （29）: 118-131.

［40］ Churchill G. A paradigm for developing better measures of marketing constructs ［J］. Journal of Marketing Research, 1979, 16 （1）: 64-73.

［41］ Coary S P. Scale construction and effects of brand authenticity ［M］. University of Southern California, 2013.

［42］ Cohen E. Authenticity and commoditization in tourism ［J］. Annals of tourism research, 1988, 15 （3）: 371-386.

［43］Connor S M. Food-related advertising on preschool television: Building brand recognition in young viewers ［J］. Pediatrics, 2006, 118 (4): 1478-1485.

［44］Creswell J W, Clark V L P. Designing and conducting mixed methods research ［M］. Sage Publications, 2017.

［45］Creswell J W, Creswell J D. Research design: Qualitative, quantitative, and mixed methods approaches ［M］. Sage publications, 2017.

［46］Creswell J. Research design: Qualitative and quantitative approaches ［M］. California: Sage Publications, 1995.

［47］Creswell J. Research design: Qualitative and quantitative approaches ［M］. California: Sage Publications, 1994.

［48］Dedeoğlu, B B, Taheri B, Okumus F, Gannon M. Understanding the importance that consumers attach to social media sharing (ISMS): Scale development and validation ［J］. Tourism Management, 2020 (76): 103954.

［49］Deibert A. Why authenticity in marketing matters now more than ever ［D］. Forbes (May 26), https://www. forbes. com/sites/forbescommunicationscouncil/2017/05/26/why-authenticity-inmarketing-matters-now-more-than-ever, 2017.

［50］Delgado-Ballester E, Luis Munuera-Alemán J. Brand trust in the context of consumer loyalty ［J］. European Journal of Marketing, 2001, 35 (11/12): 1238-1258.

［51］Dixon N M. Common knowledge: How companies thrive by sharing what they know ［M］. Harvard Business School Press, 2000.

［52］Dubois B, Czellar S, Laurent G. Consumer segments based on attitudes toward luxury: Empirical evidence from twenty countries ［J］. Marketing Letters, 2005, 16 (2): 115-128.

［53］Dwivedi A, McDonald R. Building brand authenticity in fast-moving consumer goods via consumer perceptions of brand marketing communications

［J］. European Journal of Marketing, 2018, 52 (7-8): 1387-1411.

［54］ Dwivedi A, Johnson L W, Wilkie D C, De Araujo-Gil L. Consumer emotional brand attachment with social media brands and social media brand equity ［J］. European Journal of Marketing, 2019, 53 (6): 1176-1204.

［55］ Eggers F, O'Dwyer M, Kraus S, et al. The impact of brand authenticity on brand trust and SME growth: A CEO perspective ［J］. Journal of World Business, 2013, 48 (3): 340-348.

［56］ Erdem T, Swait J, Louviere J. The impact of brand credibility on consumer price sensitivity ［J］. International Journal of Research in Marketing, 2002, 19 (1): 1-19.

［57］ Ericksen M K. Using self-congruity and ideal congruity to predict purchase intention: A European perspective ［J］. Journal of Euromarketing, 1997, 6 (1): 41-56.

［58］ Fombrun C, Shanley M. What's in a name? Reputation building and corporate strategy ［J］. Academy of Management Journal, 1990, 33 (2): 233-258.

［59］ Fomell L. Evaluating structural equation models with unobservable variables and measurement error ［J］. Journal of Marketing Research, 1981, 18 (2): 39-50.

［60］ Fouladi S, Ekhlassi A, Sakhdari K. Determining the factors affecting brand authenticity of startups in social media ［J］. Qualitative Market Research, 2021 (1).

［61］ Fournier S. The brand-as-relationship partner: An alternative view of brand personality ［J］. Advances in Consumer Research, 1995, 22 (1): 391-395.

［62］ Fritz K, Schoenmueller V, Bruhn M. Authenticity in branding-exploring antecedents and consequences of brand authenticity ［J］. European Journal of Marketing, 2017, 51 (2): 324-348.

［63］ Ghorbanzadeh D, Rahehagh A. Emotional brand attachment and brand love: The emotional bridges in the process of transition from satisfaction to loyalty Emotional brand attachment ［J］. Rajagiri Management Journal, 2021: (1) 972-996.

［64］ Gilmore J H, Pine B J. Authenticity: What consumers really want ［M］. Harvard Business Press, 2007.

［65］ Glaser B G, Strauss A L, Strutzel E. The discovery of grounded theory: Strategies for qualitative research ［J］. Nursing Research, 1968, 17 (4): 364.

［66］ Glaser B G. Emergence vs forcing: Basics of grounded theory analysis ［M］. Sociology Press, 1992.

［67］ Golomb, J. In Search of Authenticity ［M］. London: Routledge, 1995.

［68］ Grayson K, Martinec R. Consumer perceptions of iconicity and indexicality and their influence on assessments of authentic market offerings ［J］. Journal of consumer research, 2004, 31 (2): 296-312.

［69］ Greyser S A. Corporate brand reputation and brand crisis management ［J］. Management Decision, 2009, 47 (4): 590-602.

［70］ Guevremont A. Creating and interpreting brand authenticity: The case of a young brand ［J］. Journal of Consumer Behaviour, 2018, 17 (6): 505-518.

［71］ Guèvremont A, Grohmann B. Does brand authenticity alleviate the effect of brand scandals? ［J］. J Brand Manag, 2018 (25): 322-336.

［72］ Gupta S, Gallear D, Rudd J, et al. The impact of brand value on brand competitiveness ［J］. Journal of Business Research, 2020 (112) .

［73］ Gundlach H, Neville B. Authenticity: Further theoretical and practical development ［J］. Journal of Brand Management, 2012, 19 (6): 484-499.

［74］ Hair J, Anderson R. Multivariate data analysis ［M］. US: Prentice hall, 2006.

［75］ Han S L, Kim K. Role of consumption values in the luxury brand experience: Moderating effects of category and the generation gap ［J］. Journal of Retailing and Consumer Services, 2020 (57): 102-249.

［76］ Han Y J, Nunes J C, Drèze X. Signaling status with luxury goods: The role of brand prominence ［J］. Journal of Marketing, 2010, 74 (4): 15-30.

［77］ Hansson B. Philosophy of science ［M］. Lund: Filosofiska Institution, 1993.

［78］ Harris C C. The social philosophers: Community and conflict in western thought ［J］. Sociology, 1975, 9 (1): 173-174.

［79］ Harrison-Walker L J. The measurement of word-of-mouth communication and an investigation of service quality and customer commitment as potential antecedents ［J］. Journal of Service Research, 2001, 4 (1): 60-75.

［80］ Haynes S, Richard D, Kubany E. Content validity in psychological assessment: A functional approach to concepts and methods ［J］. Psychological Assessment, 1995, 7 (3): 238-247.

［81］ Hennig-Thurau T, Gwinner K P, Gremler D D. Understanding relationship marketing outcomes: An integration of relational benefits and relationship quality ［J］. Journal of Service Research, 2002, 4 (3): 230-247.

［82］ Hernandez-Fernandez A, Lewis M C. Brand authenticity leads to perceived value and brand trust ［J］. European Journal of Management and Business Economics, 2019 (28): 222-238.

［83］ Hinkin T. A brief tutorial on the development of measures for use in survey questionnaires ［J］. Organizational Research Methods, 1998, 1 (1): 104-121.

［84］ Holt D B. Why do brands cause trouble? A dialectical theory of consumer culture and branding [J]. Journal of Consumer Research, 2002, 29 (1): 70-90.

[85] Hyunjoo O, Prado P H M, Jose Carlos K, et al. The effect of brand authenticity on consumer-brand relationships [J]. Journal of Product & Brand Management, 2019, 28 (2): 231-241.

[86] Ilicic J, Webster C M. Investigating consumer-brand relational authenticity [J]. Journal of Brand Management, 2014, 21 (4): 342-363.

[87] Japutra A, Ekinci Y, Simkin L. Exploring brand attachment, its determinants and outcomes [J]. Journal of strategic Marketing, 2014, 22 (7): 616-630.

[88] Jian Y, Zhou Z, Zhou N. Brand cultural symbolism, brand authenticity, and consumer well-being: The moderating role of cultural involvement [J]. Journal of Product & Brand Management, 2019 (1).

[89] Jones J P. Behind powerful brands: From strategy to campaign [M]. Tata McGraw-Hill Education, 2000.

[90] Ju X, Chocarro R, Martín Martín O. Value creation in mobile social media: A systematic review and agenda for future research [J]. Baltic Journal of Management, 2021, 16 (5): 745-764.

[91] Kadirov D, Varey R J, Wooliscroft B. Authenticity: A macromarketing perspective [J]. Journal of Macromarketing, 2014, 34 (1): 73-79.

[92] Kamakura W A, Russell G J. Measuring brand value with scanner data [J]. International Journal of Research in Marketing, 1993, 10 (1): 9-22.

[93] Kaplan A M, Haenlein M. Users of the world, unite! The challenges and opportunities of Social Media [J]. Business Horizons, 2010, 53 (1): 59-68.

[94] Keller K L. Conceptualizing, measuring, managing customer-based brand equity [J]. Journal of Marketing, 1993, 57 (1): 1-22.

[95] Keller K L, Parameswaran M G, Jacob I. Strategic brand manage-

ment: Building, measuring, and managing brand equity [M]. Pearson Education India, 2011.

[96] Kernis M H, Goldman B M. A multicomponent conceptualization of authenticity: Theory and research [J]. Advances in Experimental Social Psychology, 2006 (38): 283-357.

[97] Kleine S S, Kleine III R E, Allen C T. How is a possession "me" or "not me"? Characterizing types and an antecedent of material possession attachment [J]. Journal of Consumer Research, 1995, 22 (3): 327-343.

[98] Kotler P, Armstrong G. Principles of marketing [M]. Pearson Education, 2010.

[99] Kotler P, Burton S, Deans K, et al. Marketing [M]. Pearson Higher Education AU, 2015.

[100] Lane P J, Lubatkin M. Relative absorptive capacity and interorganizational learning [J]. Strategic Management Journal, 1998, 19 (5): 461-477.

[101] Lee C T, Hsieh S H. Can social media-based brand communities build brand relationships? Examining the effect of community engagement on brand love [J]. Behaviour and Information Technology, 2021 (2): 1-16.

[102] Leigh T W, Peters C, Shelton J. The consumer quest for authenticity: The multiplicity of meanings within the MG subculture of consumption [J]. Journal of the Academy of Marketing Science, 2006, 34 (4): 481-493.

[103] Lewis D, Bridger D. Soul of the New Consumer: Authenticity-What We Buy and Why in the New Economy [M]. Nicholas Brealey, 2011.

[104] Li F, Larimo J, Leonidou L C. Social media marketing strategy: efinition, conceptualization, taxonomy, validation, and future agenda [J]. Journal of the Academy of Marketing Science, 2021, 49 (1): 51-70.

[105] Littrell M A, Anderson L F, Brown P J. What makes a craft souvenir authentic? [J]. Annals of Tourism Research, 1993, 20 (1): 197-215.

［106］Liu X, Shin H, Burns A C. Examining the impact of luxury brand's social media marketing on customer engagement: Using big data analytics and natural language processing ［J］. Journal of Business Research, 2021 （125）: 815-826.

［107］Livingstone L, Nelson D, Barr S. Person-environment fit and creativity: An examination of supply-value and demand-ability version of fit ［J］. Journal of Management, 1997, 23 （2）: 119-146.

［108］Locke L, Spirduso W, Silverman S. Proposals that work: A guide for planning dissertations and grant proposals ［M］. US: Sage Publications, 2007.

［109］Loureiro S M C, Ruediger K H, Demetris V. Brand emotional connection and loyalty ［J］. Journal of Brand Management, 2012, 20 （1）: 13-27.

［110］Loureiro S M C, Maximiano M, Panchapakesan P. Engaging fashion consumers in social media: The case of luxury brands ［J］. Int. J. Fash. Des. Technol. Edu., 2018, 11 （3）: 310-321.

［111］Lowenthal D. Changing criteria of authenticity ［C］// Paper presented at Nara Conference on authenticity in relation to the World Heritage Convention. Nara, Japan., 1994.

［112］Lude M, Prügl R. Why the family business brand matters: Brand authenticity and the family firm trust inference ［J］. Journal of Business Research, 2018 （89）: 121-134.

［113］MacCannell D. Staged authenticity: Arrangements of social space in tourist settings ［J］. American Journal of Sociology, 1973, 79 （3）: 589-603.

［114］Macrae C, Handby T, Dinnie K. From Brand Vision to Brand Evaluation ［J］. Journal of Brand Management, 2002, 9 （3）: 218-220.

［115］Manthiou A, Kang J, Hyun S S, et al. The impact of brand authenticity on building brand love: An investigation of impression in memory and lifestyle-congruence [J]. International Journal of Hospitality Management, 2018 (75): 38-47.

[116] Mason J. Qualitative Researching [M]. London: Sage Publications, 2002.

[117] McEwen W J. Married to the brand: Why consumers bond with some brands for life [M]. Simon and Schuster, 2005.

[118] Miles M B, Huberman A M, Saldana J M. Qualitative data analysis: A methods sourcebook [M]. California: Sage Publications, 2003.

[119] Molinillo S, Japutra A, Ekinci Y. Building brand credibility: The role of involvement, identification, reputation and attachment [J]. Journal of Retailing and Consumer Services, 2022, 64 (1): 1-9.

[120] Morgan R M, Hunt S D. The commitment-trust theory of relationship marketing [J]. Journal of marketing, 1994, 58 (3): 20-38.

[121] Morhart F, Malär L, Guèvremont A, et al. Brand authenticity: An integrative framework and measurement scale [J]. Journal of Consumer Psychology, 2015, 25 (2): 200-218.

[122] Moulard J G, Raggio R D, Folse J A G. Brand authenticity: Testing the antecedents and outcomes of brand management's passion for its products [J]. Psychology & Marketing, 2016, 33 (6): 421-436.

[123] Muniz A M, O'guinn T C. Brand community [J]. Journal of Consumer Research, 2001, 27 (4): 412-432.

[124] Nadanyiova M, Kliestikova J. Brand value and the factors affecting [M]. SpringerInternational Publishing: Cham, F, 2018.

[125] Napoli J, Dickinson S J, Beverland M B, et al. Measuring consumer-based brand authenticity [J]. Journal of Business Research, 2014, 67 (6): 1090-1098.

[126] Navdeep A, Lloyd C. Harris Examining how brand authenticity is established and maintained: the case of the Reverso [J]. Journal of Marketing

Management，2018（34）：3-4+347-369.

［127］ Newman G E，Dhar R. Authenticity is contagious：Brand essence and the original source of production ［J］. Journal of Marketing Research，2014，51（3）：371-386.

［128］ Nijssen E J，Douglas S P. Consumer world-mindedness and attitudes toward product positioning in advertising：An examination of global versus foreign versus local positioning ［J］. Journal of International Marketing，2011，19（3）：113-133.

［129］ Nunes J C，Ordanini A，Giambastiani G. The Concept of Authenticity：What It Means to Consumers：［J］. Journal of Marketing，2021，85（4）：1-20.

［130］ Obeidat Z M，AlGharabat R S，Alalwan A A，Xiao S H，Dwivedi Y K，Rana N P. Narcissism，interactivity，community，and online revenge behavior：The moderating role of social presence among Jordanian consumers ［J］. Computers in Human Behavior，2020（104）：106-170.

［131］ O'cass A，McEwen H. Exploring consumer status and conspicuous consumption ［J］. Journal of Consumer Behaviour：An International Research Review，2004，4（1）：25-39.

［132］ Pace S. Can a commercially oriented brand be authentic？A preliminary study of the effects of a pro-business attitude on consumer-based brand authenticity ［J］. Journal of Applied Business Research，2015，31（3）：1167.

［133］ Park C W，MacInnis D J，Priester J，et al. Brand attachment and brand attitude strength：Conceptual and empirical differentiation of two critical brand equity drivers ［J］. Journal of Marketing，2010，74（6）：1-17.

［134］ Peirce C S，Hartshorne C，Weiss P，et al. The Collected Papers of Charles Sanders Peirce ［M］. InteLex Corporation，1994.

［135］ Peñaloza L. The commodification of the American West：Marketers' production of cultural meanings at the trade show ［J］. Journal of Marketing，

2000, 64 (4): 82-109.

[136] Peterson R A. A meta-analysis of Cronbach's coefficient alpha [J]. Journal of Consumer Research, 1994, 94 (2): 381-391.

[137] Peterson R A. In search of authenticity [J]. Journal of management studies, 2005, 42 (5): 1083-1098.

[138] Phillips D. Exhibiting authenticity [M]. Manchester University Press, 1997.

[139] Plummer J T. Brand personality: A strategic concept for multinational advertising [C] //Marketing Educators' Conference. New York: Young & Rubicam, 1985.

[140] Podsakoff P, MacKenzie S, Lee J. Common method biases in behavioral research: A critical review of the literature and recommended remedies [J]. Journal of Applied Psychology, 2003, 85 (5): 879-903.

[141] Podsakoff P, Organ D. Self - reports in organizational research: Problems and prospects [J]. Journal of Management, 1986, 12 (4): 531-544.

[142] Portal S, Abratt R, Bendixen M. The role of brand authenticity in developing brand trust [J]. Journal of Strategic Marketing, 2018 (1): 1-16.

[143] Postrel V. The substance of style: How the rise of aesthetic value is remaking Commerce, Culture, & Consciousness [M]. New York: HarperCollins, 2004.

[144] Pratt J. Food values: The local and the authentic [J]. Critique of Anthropology, 2007, 27 (3): 285-300.

[145] Price L L, Arnould E J. Commercial friendships: Service provider-client relationships in context [J]. Journal of Marketing, 1999, 63 (4): 38-56.

[146] Qayyum A, Hasan S, Zia M H. Social media marketing and brand authenticity: The role of value co-creation [J]. Management Research Review,

2023，46（6）：870-892.

［147］Rashid Y，Waseem A，Akbar A A，Azam F. Value co-creation and social media：A systematic literature review using citation and thematic analysis［J］. European Business Review，2019，31（5）：761-784.

［148］Riefler P. Local versus global food consumption：The role of brand authenticity［J］. Journal of Consumer Marketing，2020（1）.

［149］Ritzer G，Jurgenson N. Production，consumption，prosumption：The nature of capitalism in the age of the digital prosumer［J］. Journal of Consumer Culture，2010，10（1）：13-36.

［150］Robson C. Real word research：A resource for social scientist and practitioner-researcher［M］. Oxford：Blackwell，1993.

［151］Roos I. Methods of investigation critical incidents：A comparative review［J］. Journal of Service Research，2002，4（3）：193-204.

［152］Rose R L，Wood S L. Paradox and the consumption of authenticity through reality television［J］. Journal of consumer research，2005，32（2）：284-296.

［153］Ryoo J，Bendle N. Understanding the social media strategies of U. S. primary candidates［J］. Journal of Political Marketing，2017（1）.

［154］Safeer A A，He Y，Lin Y，et al. Impact of perceived brand authenticity on consumer behavior：An evidence from generation Y in Asian perspective［J］. International Journal of Emerging Markets，2023，18（3）：685-704.

［155］Salvador del Barrio-García，M a Belén Prados-Pea. Do brand authenticity and brand credibility facilitate brand equity？The case of heritage destination brand extension［J］. Journal of Destination Marketing & Management，2019（13）：10-23.

［156］Saravanakumar M，SuganthaLakshmi T. Social media marketing［J］. Life Science Journal，2012，9（4）：4444-4451.

［157］ Schallehn M, Burmann C, Riley N. Brand authenticity: Model development and empirical testing ［J］. Journal of Product & Brand Management, 2014, 23 (3): 192-199.

［158］ Schwab D. Construct validity in organizational behavior ［J］. Research in Organizational Behavior, 1980, 2 (1): 3-43.

［159］ Seo E J, Park J W. A study on the effects of social media marketing activities on brand equity and customer response in the airline industry. J. Air Transport. Manag, 2018 (66): 36-41.

［160］ Sheth J N, Newman B I, Gross B L. Why we buy what we buy: A theory of consumption values ［J］. Journal of Business Research, 1991, 22 (2): 159-170.

［161］ Shirdastian H, Laroche M, Richard M O. Using big data analytics to study brand authenticity sentiments: The case of Starbucks on Twitter ［J］. International Journal of Information Management, 2017 (10): 1-17.

［162］ Simon H J. The secret of brand: ABC of brands technology ［M］. Wirtschaftsverlag Langen Muller, 2001.

［163］ Simonin B L. Ambiguity and the process of knowledge transfer in strategic alliances ［J］. Strategic Management Journal, 1999, 20 (7): 595-623.

［164］ Singh J, Crisafulli B, Quamina L T. "Corporate image at stake": The impact of crises and response strategies on consumer perceptions of corporate brand alliances ［J］. Elsevier, 2020 (1).

［165］ Spielmann N, Williams C, Kohli A K. Local Roots and Global Responsibility: Terroir Brands and Their Responsible Engagement. Journal of International Marketing, 2023 (1).

［166］ Spielmann N, Charters S. The dimensions of authenticity in terroir products ［J］. International Journal of Wine Business Research, 2013, 25 (4): 310-324.

[167] Spiggle S, Nguyen H T, Caravella M. More than fit: Brand extension authenticity [J]. Journal of Marketing Research, 2012, 49 (6): 967-983.

[168] Stephen C, et al. The nature and value of terroir products [J]. European Journal of Marketing, 2017, 51 (4).

[169] Strauss A, Corbin J M. Basics of qualitative research: Grounded theory procedures and techniques [M]. US: Sage Publications, 1990.

[170] Strauss A, Corbin J M. Grounded theory in practice [M]. Sage, 1997.

[171] Styles C, Ambler T. Brand management [J]. Financial Times Handbook of Management, 1995: 581-593.

[172] Suddaby R. From the editors: What grounded theory is not [J]. Academy of Management Journal, 2006, 49 (4): 633-642.

[173] Talwar M, Talwar S, Kaur P, et al. Positive and negative word of mouth (WOM) are not necessarily opposites: A reappraisal using the dual factor theory [J]. Journal of Retailing and Consumer Services, 2020 (1): 102396.

[174] Thompson C J, Rindfleisch A, Arsel Z. Emotional branding and the strategic value of the doppelgänger brand image [J]. Journal of Marketing, 2006, 70 (1): 50-64.

[175] Thomson M, MacInnis D J, Park C W. The ties that bind: Measuring the strength of consumers' emotional attachments to brands [J]. Journal of Consumer Psychology, 2005, 15 (1): 77-91.

[176] Ulin P, Waszak C, Pfannenschmidt S. Integrating qualitative and quantitative research [C] //Family Health International's Women's Studies Project Technical Advisory Group Annual Meeting, Raleigh, NC, 1996.

[177] Vickers J S, Renand F. The marketing of luxury goods: An exploratory study - three conceptual dimensions [J]. The marketing review, 2003, 3 (4): 459-478.

［178］Vredenburg J, Kapitan S, Spry A, Kemper J A. Brands takinga stand: Authentic brand activism or woke washing? ［J］. Journal of PublicPolicy & Marketing, 2020, 39 (4): 444-460.

［179］Wagner T, Lutz R J, Weitz B A. Corporate hypocrisy: Overcoming the threat of inconsistent corporate social responsibility perceptions ［J］. Journal of Marketing, 2009, 73 (6): 77-91.

［180］Wallace E, Buil I, De Chernatony L. Consumer engagement with self-expressive brands: Brand love and WOM outcomes ［J］. Journal of Product & Brand Management, 2014, 23 (1): 33-42.

［181］Wang N. Rethinking authenticity in tourism experience ［J］. Annals of Tourism Research, 1999, 26 (2): 349-370.

［182］Wang Y, John D R, Griskevicious V. Does the devil wear Prada? Luxury product experiences can affect prosocial behavior ［J］. Int. J. Res. Market, 2021, 38 (1): 104-119.

［183］Wangenheim F V. Postswitching negative word of mouth ［J］. Journal of Service Research, 2005, 8 (1): 67-78.

［184］Westbrook R A. Product/consumption-based affective responses and postpurchase processes ［J］. Journal of Marketing Research, 1987, 24 (3): 258-270.

［185］Yin R K. Case study research: Design and methods ［M］. Thousand Oaks: SAGE publications, 2003.

［186］Zavestoski S. The social-psychological bases of anticonsumption attitudes ［J］. Psychology & Marketing, 2002, 19 (2): 149-165.

［187］Zeithaml V A, Berry L L, Parasuraman A. The behavioral consequences of service quality ［J］. Journal of Marketing, 1996, 60 (2): 31-46.

［188］Zeithaml V, Bitner M J, Gremler D D. Services marketing ［M］. McGraw-Hill, 2002.

［189］艾丰. 名牌论: 市场竞争中的法宝 ［M］. 北京: 经济日报出版

社，2001.

［190］陈向明．扎根理论的思路和方法［J］．教育研究与实验，1999（4）：58-63.

［191］陈晓萍，徐淑英，樊景立．组织与管理研究的实证方法［M］．北京：北京大学出版社，2008.

［192］崔祥民，杨东涛，刘彩生．创业意向向创业行为转化机制研究［J］．科技管理研究，2017，37（4）：124-128+134.

［193］何君，厉戟．品牌识别经营原理：创建一个有价值的品牌［M］．北京：中央民族大学出版社，1999.

［194］蒋廉雄，冯睿，朱辉煌，等．利用产品塑造品牌：品牌的产品意义及其理论发展［J］．管理世界，2012，5（88）：108.

［195］蒋廉雄，朱辉煌．品牌认知模式与品牌效应发生机制：超越"认知-属性"范式的理论建构［J］．管理世界，2010（9）：95-115.

［196］黎小林，王海忠，黄丽婷．区域品牌视阈下的企业品牌正宗性测度［J］．广东财经大学学报，2015，30（2）：56-62.

［197］李洁，陈思思．网红经济视角下品牌KOL营销策略研究［J］．商场现代化，2022（17）：52-54.

［198］刘浦江．德运之争与辽金王朝的正统性问题［J］．中国社会科学，2004（2）：189-203.

［199］刘珂．浅析国内社交媒体的发展现状［J］．艺术科技，2019，32（7）：123.

［200］梁美玲．跨境电商中社交媒体营销的挑战与优化策略［J］．中国商论，2023（23）：53-56.

［201］卢纹岱．SPSS for Windows统计分析［M］．北京：电子工业出版社，2002.

［202］秦金亮．心理学研究方法的新趋向——质化研究方法述评［J］．山西师范大学学报（社会科学版），2000（3）：11-16.

［203］史伟．品牌真实性的内涵研究［J］．现代商业，2021（36）：

24-26.

［204］陶键．图书馆社交媒体人设营销策略研究［J］．图书馆工作与研究，2022，1（2）：124-128.

［205］涂辉文．基于变革动力特征的组织学习与心理授权关系研究［D］．浙江大学，2010.

［206］王新新，孔祥西，姚鹏．招爱还是致厌：并购条件下品牌真实性作用研究［J］．上海财经大学学报，2020，22（5）：49-63.

［207］王朝海．北魏政权正统之争研究［J］．北方民族大学学报（哲学社会科学版），2012（2）：8.

［208］王乐．组织情境中员工知识转移和知识共享障碍［J］．湖北经济学院学报（人文社会科学版），2011，8（12）：74-76.

［209］王璐，高鹏．扎根理论及其在管理学研究中的应用问题探讨［J］．外国经济与管理，2010（12）：10-18.

［210］吴丽丽，石筱璇，王贝依，等．品牌依恋：理论，测量及与相关变量的关系［J］．心理科学进展，2017，25（8）：1411-1422.

［211］吴力文．关于社交媒体营销对中国时尚行业消费者购买行为的影响［J］．财经界，2023（3）：30-32.

［212］萧浩回，陆魁宏，唐凯麟．决策科学辞典［M］．北京：人民出版社，1995.

［213］徐金发，许强，顾惊雷．企业知识转移的情境分析模型［J］．科研管理，2003，24（2）：51-56.

［214］徐伟，冯林燕，王新新．品牌真实性研究述评与展望［J］．品牌研究，2016（5）：4.

［215］徐伟，汤筱晓，王新新．老字号真实性，消费态度与购买意向［J］．财贸研究，2015（3）：133-141.

［216］徐伟，王平，宋思根，冯林燕．老字号真实性与品牌权益：自我一致性与品牌体验的作用［J］．财贸研究，2017（3）：99-107.

［217］徐伟，王平，王新新，宋思根．老字号真实性的测量与影响研

究［J］.管理学报，2015，12（9）：1286-1293.

［218］徐伟，王新新.商业领域"真实性"及其营销策略研究探析［J］.外国经济与管理，2012，34（6）：57-65.

［219］徐卫东.嫡长与正统：明代皇位继承中的观念与实践［D］.中国社会科学院研究生院，2001.

［220］薛海波.品牌社群作用机理理论研究和模型构建［J］.外国经济与管理，2012，34（2）：50-57.

［221］谢京辉.品牌价值创造和价值实现的循环机制研究［J］.社会科学，2017（4）：47-56.

［222］杨彬.马克思主义发展历程中正统与非正统问题研究［D］.黑龙江大学，2011.

［223］杨晨.正宗之争为哪般［J］.清华管理评论，2017（5）：55-61.

［224］杨海龙，郭国庆，陈凤超.根脉传播诉求对集群品牌购买意愿的影响：品牌真实性的中介作用［J］.管理评论，2018，30（3）：102-113.

［225］杨振之，胡海霞.关于旅游真实性问题的批判［J］.旅游学刊，2011，26（12）：78-83.

［226］姚鹏，王新新.弱势企业并购后品牌战略与消费者购买意向关系研究——基于品牌真实性的视角［J］.营销科学学报，2014，10（1）：97-111.

［227］余明阳，戴世富.品牌战略［M］.北京：清华大学出版社，2009.

［228］俞秋霞.企业间关系网络维度对知识转移效果的影响研究［D］.福州大学，2014.

［229］于兆吉，张嘉桐.扎根理论发展及应用研究评述［J］.沈阳工业大学学报（社会科学版），2017，10（1）：58-63.

［230］张静红.重构的"正宗性"：云南普洱茶跨时空的"风土"

［J］. 广西民族大学学报（哲学社会科学版），2016（5）：5.

［231］张敬伟，马东俊. 扎根理论研究法与管理学研究［J］. 现代管理科学，2009（2）：115-117.

［232］张楠，彭泗清. 品牌本真性概念探析：内涵，维度与测量［J］. 商业经济与管理，2016（9）：62-72.

［233］张会龙，张宇东，李桂华. 品牌正宗性的概念及其结构维度——基于扎根理论的探索性研究［J］. 软科学，2020，34（8）：133-138.

［234］朱晓琴，罗曼婷. 老字号产品品牌延伸对消费者忠诚度影响研究［J］. 价格理论与实践，2022（12）：132-136.

［235］赵红梅，李庆雷. 回望"真实性"（authenticity）（上）——一个旅游研究的热点［J］. 旅游学刊，2012，27（4）：11-20.

［236］赵卫宏，周南，朱海庆. 基于资源与制度视角的区域品牌化驱动机理与策略研究［J］. 宏观经济研究，2015（2）：26-38.

［237］周浩，龙立荣. 共同方法偏差的统计检验与控制方法［J］. 心理科学进展，2004（6）：942-950.

［238］周涛，鲁耀斌. 结构方程模型及其在实证分析中的应用［J］. 工业工程与管理，2006（5）：99-102.

［239］周志民. 品牌关系研究述评［J］. 外国经济与管理，2007，29（4）：46-54.

［240］周志民，张良波，莫琳琳. 不同品牌感知下怀旧广告类型对品牌态度的影响研究——品牌真实性的中介作用［J］. 商业经济与管理，2023（6）：47-60.